文春文庫

怪談和尚の京都怪奇譚

幽冥の門篇

三木大雲

文藝春秋

目次

怪談和尚の 京都怪奇譚 幽冥の門篇

はじめに

「なあ、お坊さん、お化けってどんな感じに見えるの？」

法事で来られた子供さんが、お墓で私にそう尋ねて来ました。

「そうやなあ、ちょっと透けて見えるかな」

「ふーん、そうか。お化けって悪い人？」

「そんなことないよ。良い人やで」

私がそう教えると、その子は安心したようです。

「良かった」

「良かったって、どうして？」

「だって、ここに透けてる人が沢山立ってるもん」

このように、私が教えたつもりが、むしろ教えられるということがよくあります。

知っているつもりになっていても、案外知らないことが多くあるものです。

東日本大震災後、現地で霊を目撃される方が多くいて、私も数人の方にお話を聞

かせていただきました。ある方が、

「私は本当に亡くなった母親を見たんです。なかなか信じてもらえないことが悔しい」

と、涙ながらに仰っていたのを今でも覚えています。残念ながら、現代科学においては、霊の存在を肯定することは出来ません。

本書は、怪談や不思議なお話を書かせていただいておりますが、その真偽を追求するものではありません。その話の真偽よりも、不可思議な話から、私たち生きている人間が、何を学ぶべきかに重点をおいて書かせていただいております。

生きるとはどういうことか、また、どう生きるべきか。生きている人間の根源的問題や疑問について、不可思議な現象に教わることは実に多いのです。


また本書は、怪談説法と題した「三木大雲チャンネル」というユーチューブチャンネルとも、少しリンクしております。ユーチューブでは語れなかった詳細を、本書に書かせていただきました。出来ましたら、まずユーチューブの「三木大雲チャンネル」をご覧いただいてから、本書をお読みくださいますと、さらにお楽しみいただけるのではないかと思います。もちろん、本書のみでもお楽しみいただけます。

本書が、皆様の生きる力の一助となれますことを願ってやみません。

第一章

奇

「奇」という文字には、珍しい物事、理解しがたい現象という意味があるそうです。

たとえば「奇妙」という言葉があります。「妙」という字には、希少なことやめったに無いこと、また、不可思議という意味があります。

妙なことが起こったというのは、滅多《めった》に無い不可思議なことが起こったと言い直せるわけです。

私たち僧侶が読むお経の「妙法蓮華経《みようほうれんげきよう》」は、「妙法」と略されて呼ばれることがあります。妙法とは、言い換えれば「不可思議な法則」となります。このお経には、不可思議な法則が書かれていますという意味です。

また、「奇怪」という言葉には、次のような意味があります。

「怪」という文字は、怪しいという意味です。ですから、怪しく理解しがたい現象という意味になります。

奇妙、怪奇、奇怪、奇異、奇縁、奇天烈《きてれつ》……。現代科学をもってしても理解しがたい現象。「奇」の世界は、突然に皆様の前に現れるかもしれません。

蓮久寺

私が蓮久寺《れんきゅうじ》に初めてお邪魔したのは、今から三十年ほど前の事です。ご住職の奥様のご母堂様がお亡くなりになったので、そのお葬式に参列するためでした。

亡くなられたご母堂様は、あまり外に出ない方で、ご高齢ということもあり、参列者がほとんどおられない葬儀でした。

私は、出家したお寺が、たまたま蓮久寺と繋がりがあったため、参列させていただいたのですが、ご母堂様とは一度もお会いしたことがありませんでした。ですから、私が初めて蓮久寺の門をくぐったのは、この時が最初だったのです。

門を入ってすぐに記帳を済ませると、私は控え室へと通されました。その控え室は、とてもアンティークな部屋でした。

八角形の形をした部屋で、キャラメル色をした木造の造りになっていました。

床から伸びた一本の丸い棒の上に、丸い板の載った、備え付けの机が真ん中にあります。座る所は、その丸机を囲む形で壁から直接座面が出ています。入り口は一つですから、入って来た順番で順繰りに奥へとズレていく方式になっているのです。入り口の扉の窓部分は、色合いの良い、ステンドグラスとなっており、何より素晴らしいのは、八角形の天井部分です。ここにも色鮮やかなステンドグラスがはめ込まれているのです。

明治、大正、昭和のデザインや建築が好きな私にとっては、ここは最高の空間です。そして、毎日、この部屋を使える蓮久寺のご住職を羨ましく思いました。

その部屋で葬儀が始まるまで待たせていただいていると、綺麗な着物を来た女性が一人、入ってこられました。

「このたびはお参り有り難うございます」と話されると、私にお茶を出して下さいました。私は女性のあまりに綺麗なお着物に、またその上品な立ち振る舞いに、思わず見惚れてしまいました。

その時、知り合いのお坊さんが、そろそろ始まりますよと、声を掛けに来てくださいました。

私はすぐに我に返ると、本堂の方へと行って、葬儀に参列させていただきました。

葬儀を終えた私は、あの部屋の美しさを誰かに話したいと思い、両親や友人にまで、その部屋の絵を描いて説明しました。

それから約十年後、「お題目さま」（詳細は『続・怪談和尚の京都怪奇譚』をご高覧ください）のお陰もあり、私は蓮久寺の住職にならないかとのお話をいただきました。

前住職ご夫妻からは、お檀家さまが少ないので、お寺の収入だけでは生活出来ないと聞かされましたが、京都市内のお寺の住職になりたかった私にとって、これ以上の喜びはなく、お断りする理由などありません。そして、住職を務めさせていただければ、あの部屋に再び入れる――。嬉しさで私は舞い上がっていました。

数ヶ月後、蓮久寺の業務の引き継ぎに行った際、前住職ご夫妻に、あの部屋は今、どうなっていますかとお聞きしました。

ところが、前住職は首をかしげて、

「はて、お寺にそんな部屋はありませんよ」

そんなはずはありません。私はその部屋の様子を事細かに記憶しており、その部屋でお茶もいただいて、恐らく三十分以上はそこにいたわけですから。

それに、その時にお茶を運んで来て下さった女性だっていました。

「そんな人はいませんよ。そもそも葬儀の時にそんな綺麗な着物を着るはずがない。馬鹿なことを仰いますな」

……そう言われると、確かに、私にお茶を持って来てくださった女性は、赤を基調とした美しい着物を着ておられたわけですが、葬儀にそのような色の着物を着てくる方がいるはずはありません。

　ということは、一体あの部屋はどこで、あの女性は誰だったのだろうかと、この時は全く分かりませんでした。

　前住職との引き継ぎの途中で分かったのですが、このお寺の門が赤い由来は、二代目吉野《よしの》太夫《たゆう》という太夫さんがご寄進くださった赤門だと聞かされました。

　太夫とは、芸妓の最高位で、お琴や三味線の芸事や、多種多様な知識と教養を兼ね備えた者だけに許される称号のことです。

　その頃の蓮久寺は、「出世寺」と噂され、実際に歴代の住職は皆、大きな寺などへと出世して行かれたと聞きました。

　私はこのお話を聞いて、もしかするとあの時の女性は、二代目吉野太夫さんだったのではないかと思いました。そして、住職の交代をする時に、本堂で私はお願いをし、決意をお伝えしました。

「もしまだ、二代目吉野太夫さんがおられるのなら、私を芸事でも成長させて下さい。これから私は、蓮久寺を後世に伝えていけるよう、頑張ります」

　それから、ひと月ほどが過ぎた頃、テレビのコマーシャルを何気なく見ていると、話術を競う番組の出演者募集がありました。テーマは怪談話で、優勝者には賞金も出るとのことでした。

その頃の私は、お寺の仕事もほとんどなく、恥ずかしながら、生活費にも大変困っておりましたので、思い切って応募してみることにしました。

するると、あれよあれよという間に審査を通過し、なんと決勝まで進ませていただくことが出来ました。結果は準優勝で、賞金はありませんでしたが、とても勉強になる経験でした。

それから数ヶ月後、ある出版社の方から声を掛けていただき、本を出版させていただくことになりました。

テレビ出演に続き、本まで出版できたのは、吉野太夫さんが応援して下さっているからに違いないと、私は確信し、お礼を申し上げたく、本堂でお経を挙げさせていただきました。

するとその日の夜、私の夢の中に綺麗な着物を着た女性が現れました。そして私の手を引き、例の部屋へと案内してくださったのです。

やはりその女性は上品で美しい方でした。そして、八角形の部屋もまた、とても美しく、時間を忘れていたくなる空間でした。

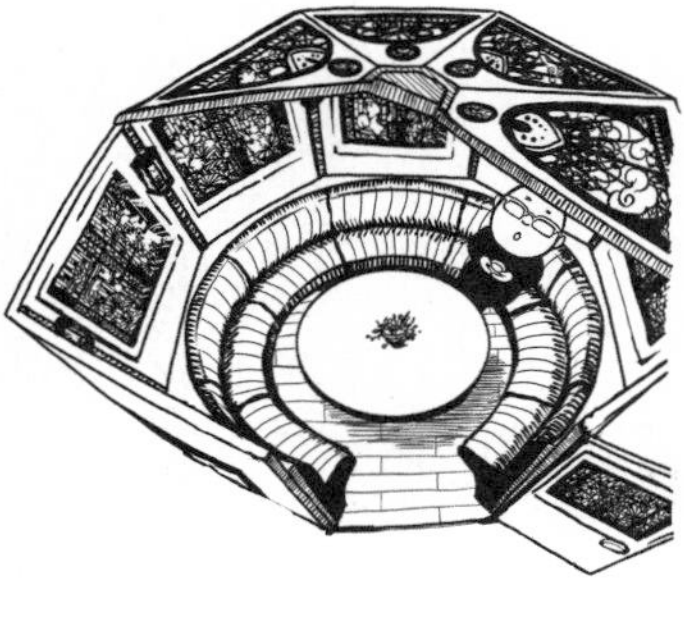

夢から覚めた私は、もしかすると、吉野太夫さんがおられた時代に、本当にあの建物があったのではないかと思いました。

私の見た建物と、吉野太夫さんは、皆様の目でご覧いただくことは残念ながら叶いませんが、心で感じていただくことはできるはずです。

皆様が蓮久寺にご参拝されますことを、心よりお待ちしております。

山の中の墓地

京都には、沢山の墓地があります。檀家さんの中でも自宅の近くの墓地が良いと仰る方は、蓮久寺の境内にある墓地ではなくて、最寄りの霊園などに埋葬されることがあります。

ですので、お墓でお経を挙げます時には、そちらまで施主さんと一緒に行かせていただきますが、施主さんがご高齢などの事情により、時には私一人だけで霊園に伺うこともあります。

あの日も私は施主さんのために、霊園に向かうことになりました。施主さんは膝が悪くご高齢。しかも季節は冬で、こうも寒いと膝がとても痛むとのことで、同行されませんでした。

お寺で法事を終えた後、私は一人で京都市内の北に位置する、とある山の上の市営墓地へと急ぎましたが、到着した時には辺りはもう日が暮れかかっていました。

この霊園の入り口は山の下にあるのですが、幅がとても狭く、下から上り道を見上げても、山の上まで見通せないほどに暗くなっていました。

舗装されていない道は、とても歩きにくく、おまけに左右は木々に囲まれている。まるで軽く登山しているようです。

はあ、はあ、はあ……。

自分が息を切らせる音が、周りの木々にこだまするように耳に返って来ました。

途中、休憩が出来るようにとちょっとした広場のようになっている場所がありましたが、あたりはどんどん暗くなっており、休む余裕はなさそうです。私は休まず歩き続けました。

(前に来た時にも、こんなに時間が掛かったかなあ)

私は日も暮れてゆくので、いつもより早く歩いているつもりなのですが、いつまで経っても山頂に着きません。

それでもひたすら歩き続けました。すると不思議なことに、さきほどの休憩の出来る広場に再び戻ってきたのです。

はははあ、やられたな。ここで私は気が付きました。

「おーい、もう日も暮れるから悪戯《いたずら》はやめなさい」

私が大きな声を張り上げると、木々の間から、子供のような笑い声がして、目の前に街の夜景が見えました。私はすでに山頂の墓地に着いていたのです。

地面を携帯電話のライトで照らすと、私の足跡が山頂の広場に円を描くように付いていました。

山には、こういう悪戯をする妖怪なのか、霊なのか……とにかく何者かが時折現れます。しかもそこに墓地があるわけですから、なおさら不思議な現象を引き寄せるのです。

私は真っ暗な中、お墓にお経を挙げました。そして、帰ろうとしたその時でした。目の前に小型のUFOのような光が浮いていたのです。

大きさは野球ボールほどで、光を放って道を照らしていました。発光はしているのですが、フワフワと動く玉は、明らかに火とは違う光を発していました。

じっくり観察していると、その玉は、山道をゆっくりと下り始めました。私はその玉を追いかけて、道を下っていきました。

来た時とは違い、あっという間に墓地の入り口が見えてきました。帰りは早いなと思った瞬間、辺りは真っ暗になりました。光の玉が消えてしまったからです。

この光の玉は、人によって呼び名が同じではないかもしれません。

ある人は、火の玉と呼ぶでしょう。まだライトというものが普及していない時代では、暗闇で光が動くたびに、光の残像が、まるで炎が燃えているように見えたのかもしれません。

さらに昔、鎌倉時代の歴史書『吾妻鏡《あづまかがみ》』には「光物」という記録が見え、白鷺《しらさぎ》に似た形をしていたと記されています。

また現代では、小型ＵＦＯと呼ばれたり、大型のオーブと呼ばれたりするかもしれません。

そして、途中で私が、いつまで経っても頂上に着かなかったのは、恐らく、山童《やまわろ》か狐の仕業であったのだと思います。

いずれにせよ、山や墓地には、夜遅くなってからお邪魔しない方が良いのかもしれません。そこには、まだ人間の理解できない不思議な世界があり、簡単に冒してはいけない場所のように思います。

科学技術が発達し、自分たちに理解できないものなど存在しないと、私達は過信しがちです。私はこの経験をして、まだ不可思議な世界が存在していることに安心しました。出来ればこの先も共存していけることを願っています。

引っ越し

京都人といえば「腹黒い」「怖い」「いけず（意地悪）」など、あまり良くないイメージがあるようです。

なぜ、このようなイメージを持たれてしまっているのでしょうか。様々な背景がありますが、私が考える理由を少し説明させていただきたいと思います。

京都人のイメージの第一位として「腹黒い」がよく挙げられるようですが、京都人の回りくどい「優しさ」が誤解されてしまっているように思います。

京都人ではない方には実に分かりにくい表現が多くありますが、相手を傷つけないための京都人なりの配慮なのです。まあ、お節介な部分も多分にありますが……。

そんな気遣いの街、京都ですから、多くのものに「お」や「さん」を付けます。

たとえば、「お蕎麦」「おうどん」「お豆腐」など、「お」を付けることで、柔らかい呼び方にしつつ、物にも敬意を表します。

また、「大工さん」「瓦屋さん」「珈琲屋さん」など、職業にも「さん」を付けます。

さらには、寺や神社を「お寺さん」「お稲荷さん」、職業でも「お医者さん」「お豆腐屋さん」というように、「お」と「さん」を両方付ける場合も少なくありません。

このように、京都の人は、相手を気遣い、相手を不快にさせないように分かりづらい表現を使うのです。ですから、本当はどう思っているのか分からない、「腹黒い」と誤解を受けているように思うのです。

さて、そんな特殊な文化が息づく京都に、ある女性が引っ越して来られました。

その女性は……。

・

・

私は元々、東京にあるデザイン会社に勤めていました。

この会社は、主に飲食関係のメニューや宣伝用のビラ、ライブの宣伝用ポスターなどのデザインを作成していました。しかし新型コロナウイルス蔓延の影響で、仕事の依頼が激減し、ついに会社は倒産してしまいました。

そこで私は、思い切って会社を立ち上げることにしました。

デザインの仕事は基本的に、インターネットの環境が整っていれば大きな問題は起きません。それに、今までの会社ではやらなかった、ホームページの作成も請け負うなど、仕事の領域を広げようと思ったんです。

この時、多少の不安はありましたが、それよりも楽しみの方が勝《まさ》っていました。と言いますのも、インターネット環境さえあれば、日本のどこにいても仕事をこなせるわけです。ですから、いつの日か住んでみたいと思っていた、憧れの街、京都に引っ越すことにしたんです。

京都に引っ越すからには、京町家を借りて住んでみたい！　かねてからの希望を叶えるために、色々な不動産会社に連絡を取って探しました。そして幸いにも、家賃は少々お高めですが、理想通りの京町家を借りられることになったのです。

建物は二階建てで、一階を事務所兼作業場にして、生活空間は二階に置くことにしました。

引っ越し当日は、天気予報通りの雨でした。雨の日の引っ越しは、雨で作物の芽が出るように、幸福の芽が出るという縁起の良い日だと聞いたことがありました。験を担いで、あえて天気予報で、雨の降りそうな日を選んで引っ越したんです。

引っ越し作業が終わった頃には、もう日が暮れていました。その日の食事は、近くのコンビニで買ってきたお弁当で済ませました。

梱包されたままの段ボールもそのままに、私は食事を済ますと、疲れてもいましたので、そのまま寝ることにしました。

今までは、ベッドで寝る生活でしたので、畳の上に布団を敷いて寝るのは、いつ以来だろうと、懐かしい気持ちになりながら眠りにつきました。

ところが、はじめての場所で、しかも畳に布団で寝ていたせいか、真夜中に目が覚めました。

スマートフォンの画面に目をやると、時間は深夜の二時。二階の窓から外を見ると、もう外の雨もやんでいました。それでも窓から入る外気に、雨の匂いがしたので、恐らくやんでからさほど時間が経っていないのだろうと思いました。

再び寝ようと、布団に入り直すと、

「ミシッ……ミシッ……」

という音が、色々な所から聞こえてきます。

これが家鳴りかと、しばらくこの音に耳を傾けていました。家鳴りというのは、木造建築ではよくある現象で、木が湿気で膨らんだり、乾燥で縮まったりした時に発生する音のことです。

「パキッ、ミシッ」

雨がやんだばかりだったので、家鳴りはもう数分間続いています。

ふと、家鳴りとは異なる音が混ざっていることに気付きました。

「フー」

それは、まるで人間がため息でもしたかのような音です。

私は思わず布団の上で上半身を起こして部屋を見渡しました。と、その時です。一瞬、小さな黒い影が一階へと繋がる階段の所に消えた気がしました。私は咄嗟《とっさ》に、布団に潜り込みました。

（いまの黒い影は一体何……？）

頭の中は黒い影のことでいっぱいになりました。考えてみると、階段の辺りにいたあの黒い影は、私が布団の上で上半身を起こしたことに驚いて、慌てて一階へと降りていった……ようにも見えました。形は丸みを帯びていて、足のようなものもあったような気がします。

もしかすると、背の低い人間の影だったのか……。生きている人間か、それとも……。

そんなことを考えると、段々と怖くなって来て、布団を頭まで被って、出来るだけ影のことを考えないようにしているうちに、いつしか眠ってしまいました。

朝になって、昨夜影が通ったはずの階段を調べてみましたが、特に何の形跡もありませんでした。

憧れの京町家に住むことになって興奮して、幻覚を見たのかもしれない。いや、きっとそうに違いない。

そう思う他に自分を落ち着かせる方法はありませんでした。気を取り直して、とりあえず引っ越しの段ボールの梱包を解いて、片付けを終わらせようと思いました。

一人暮らしなので、生活用品もたいしてなく、仕事道具といってもパソコンが数台だけなので、そんなに時間は掛からないと思っていました。しかし、案外時間が掛かり、作業が終わる頃には、かなりの時間が経っていました。

それでも今日中にしなくてはいけないことがまだ残っていました。

それは、この京町家を紹介してくれた不動産会社の方が、京都では必ずしなくてはいけないと教えて下さった、ご近所さんへの挨拶回りです。

時計に目をやると、午後四時を少し過ぎていました。この時間なら、挨拶回りにちょうど良い時間だろうと、挨拶品の洗剤を持って、ご近所さん宅へ向かいました。

京都の人とのお付き合いは難しいと聞いたことがあったので、少し緊張しましたが、ご近所さんは皆さん優しそうな方ばかりで安心しました。そして、お隣のお婆さんから、こんな話を教えていただきました。

「十二月十二日」と紙に書いて、それを逆さにして玄関に貼っておくと、泥棒除けになる――。

この日は、天下の大泥棒、石川五右衛門が、京都三条河原で処刑された日らしいのです。逆さに貼るのは、泥棒が天井から顔を出した時に見やすいようにするためだそうです。

私は、早速事務所でこの御札を作ることにしました。仕事柄、デザインにはこだわってしまいます。紙にただ字を書くだけではつまらない。京都には沢山の寺社があるので、御札のデザインも沢山あるだろうな……。

そんなことを考えていると、ふと昨夜の記憶が蘇ってきました。

（あの黒い影の正体は何だったのだろうか）

だめだ、あまり考えすぎるとまた見てしまう。慌てて考えるのをやめました。

泥棒除けの御札を作って、玄関に貼り終えると、私は朝から何も食べていないことに気が付きました。時間はもう夕飯時でした。

この日もコンビニ弁当を買ってきて、食事をさっさと済ますと、私はもう一枚御札を作ることにしました。

デザイナーとしての興味が湧いたということもありますが、それ以上に、昨夜の黒い影が気のせいだったとしても、何かしらの対応をしたいと思ったからです。

どのようなデザインの御札が良いのかと、色々考えました。

御札といえば、文字のようなデザインが思い浮かびました。

恐らくあの文字には、不思議な念が込められていて、それによって守られるのだろう。私はどのような念をこの御札に込めようか。そんな不思議な力もないのに、私は真剣に御札作りに取り組みました。

この時、私は大切なことに気が付いたのです。この家に引っ越して来て、初めに挨拶をしなければいけない相手に、挨拶をしていなかったことを。それは、この家です。この家に対して、これから末永くお願い致しますという思いを込めて御札を作ることにしました。

短冊状の紙に、色とりどりの花を描き、真ん中には大きく「お願いします」と書きました。それを二階の自室に「これから宜しくお願いします」と声を出して貼りました。素人の自分が作った御札ですが、これだけで何となく影の存在に対しての恐怖心が払拭できたような気がしました。

その日の夜、私は落ち着いた気持ちで床につくことが出来たはずでした。それなのに、昨晩と同じく深夜になって目が覚めてしまいました。なんとなく人の気配を感じる。気になって何度も部屋の中を見回しましたが、影らしき物は見えませんでした。

人間はすぐに慣れてしまう生き物だと聞いたことがありますが、日が経つにつれ、私も深夜に人の気配を感じても、やがて気にせず寝ることが出来るようになりました。

そんな生活を続けて二ヶ月ほどが過ぎ、私の仕事はかなり順調に進んでいました。

会社が倒産したことで独立して、たったふた月でここまでの注文が来るとは考えてもみませんでした。お客さんの中には、今は仕事がいっぱいなので時間が掛かると伝えても、何ヶ月でも待ちますと言ってくださる方までいらして、有り難いことでした。

そんな時、以前の会社の同僚から、京都に遊びに行くので寄るね、と連絡がありました。彼女とは入社以来仲が良く、休暇の日によく一緒に京都へ旅行をしました。彼女も京都が好きなんです。

しかも、ちょっと忙しくて……と伝えると、仕事を少し手伝ってくれると言うんです。楽しいながらも猫の手も借りたいくらいの忙しさでしたから、とても助かります。

友人は、京都観光を後回しにして来てくれました。そして着くや否や、パソコンの前に座って仕事を手伝ってくれました。

二人で集中して仕事をしていると、気が付いた時にはとっくにお昼を回っていました。

私は友人をどこか京都らしいお店にご飯でも食べに行こうと誘いましたが、今日中にこの仕事だけでも終わらせようと、パソコンの前から離れようとしません。申し訳なく思いながらも、友人の親切に甘えることにしました。

コンビニのおにぎりを片手で食べながら、作業を進めてくれた友人のおかげで、私一人だと二日以上はかかりそうな作業を、なんと一日で終えることが出来ました。作業が終わったのは、午後七時頃でした。

「本当に有り難う。すごく助かった」

「大丈夫、大丈夫、気にしないで。もし人を雇うことになったら私に声を掛けてね」

彼女は現在、仕事を探している最中だったのです。

「もちろん、私の方がお願いするわ」

この調子でいけば、二人でここで仕事が出来る日もそう遠くはないと、この時は思っていました。

楽しい仕事とはいえ、二人ともとても疲れました。どこかに出掛けて夕飯を食べる気力も湧きません。そこで、近くのお店でテイクアウトのお弁当を買って来て、ここで食べることにしました。

二階の部屋に上がって、小さなちゃぶ台にお弁当や飲み物を置きました。

「何か、少し前の時代にタイムスリップしたみたいね」

二人が京都を好きな理由の一つに、昔への憧れがあります。

「いいなあ、私もこんな所で生活したいな」

彼女がそう言いながら、ゴロンと畳の上に寝っ転がった、その瞬間でした。

「誰⁉」

悲鳴にも似た大きな声で彼女はすぐに起き上がりました。

「ビックリしたぁ……どうしたの」

私はそう尋ねたのですが、彼女の目線は私の顔を見ていません。明らかに私の後方を見つめているのです。私は恐る恐る後ろを振り返りましたが、そこには何もありませんでした。

「ねえ、一階に降りよ」

彼女は私の背後から視線をそらすことなくそう言いました。怖くなった私は、理由も聞かずに「うん、分かった」と言うと、そのまま二人で一階に降りました。そして、そのまま彼女は荷物を持つと外に出ました。仕方なく私も後に続きます。

「どうしたの。何か見たの」

彼女は言うべきかどうか迷う素振りを見せたあと、怯えたようにこう答えました。

「この家、腰の曲がったお婆さんの霊がいるよ」

そんなことを聞いてひとりで家に戻ることなどできるはずがありません。私たちは、友人の宿泊するホテルに場所を変えました。そして、少し落ち着いた所で、彼女は何を見たのかを話してくれました。

彼女が畳に寝転がった瞬間、突然、見たこともないお婆さんが顔の上をのぞき込んで来たそうです。

　驚いて起き上がったときには、そのお婆さんはもう私の背後に移動していたのだそうです。しかもそのお婆さんは、薄らと透けており、直感でこれは幽霊ではないかと思って恐ろしかったというのです。

「そのお婆さんって、どんな感じの人だったの」

　私は怖いながらも詳細に知りたいという衝動に駆られました。

　友人によると、お婆さんは割烹着を着ており、腰は曲がり、頭には手拭いを被っていて、薄ら笑いを浮かべていたと言います。

　彼女は今まで、私にこのような話をしたことがありませんでした。むしろ、霊的な話など信じないタイプの人でした。それだけに私は、怯えた顔で真剣に話す彼女の話が嘘や見間違えではないと確信しました。もちろん、私自身が体験したあのことも、その確信を強くしました。

　私は彼女に、引っ越し初日の夜に見た黒い影の話をしました。あの影が丸く見えたのは、もしかしたら腰の曲がったお婆さんだったからかもしれない、と。

　それからも部屋の中で感じた人の気配は、そのお婆さんだったに違いないと、妙に納得しました。

この日は家に帰るのは怖くて、私は友人と同じホテルに泊まりました。

次の日、友人が知り合いの霊感があるという人に相談してくれました。その方は、霊の追い出し方を教えてくれたのです。

それは「大きな声で脅かせば良い」。霊を見た場所で「この家から出て行け」と言うと、大抵の霊は出て行ってくれると言うのです。

本当にそれだけでいいのか……とは思いつつ、すがるような思いで私は友人と家に戻ると、早速一階と二階で「この家から出て行け！」と、大声で叫びました。友人は、これできっと大丈夫よ、と言って帰って行きました。

霊感のある方からの助言ですから、これで大丈夫だと私も信じようとしたのですが、さらに不気味なことが起こり始めたんです。

この日の夜、就寝前に一階にあるトイレに行きました。

「コンコン、コンコン」

私は背筋が凍り付くのを感じました。突然誰かにトイレのドアをノックされたんです。もちろん、友人はすでに帰っていて、この家には自分ひとりです。

反応してはいけないと、私はノックを返さずそのままトイレでじっと様子を窺っていました。すると、トイレの電気がふっと消えたのです。

私は思わず大声を出さなければいけないと思い「誰、出て行け」と叫びました。

すると、電気がパッと点きました。

安心したその瞬間、トイレの電気が、パッパッパッパッと消えたり点いたりを繰り返し始めました。

私は恐怖のあまり、トイレの中で涙が出てきました。すると、急に電気は元に戻りました。慌ててトイレを飛び出すと、一階の電気が全て消えています。そして、部屋の片隅には、あの黒い影の塊が見えました。

真っ暗な部屋の中なのに、黒い影が見えるということ自体、とても不思議なことですが、私には確かにそこに影が見えたんです。その影にじっと目をやると、影はやがて一人の腰の曲がったお婆さんに見えてきました。

「出て行け！」

再び大声で叫ぶと、そのお婆さんの姿は霧が風で飛ばされるようにサラサラといった感じで消えていきました。

その日から、私は家で寝るのが怖くなり、しばらくマンスリーのマンションを借りて、夜はそこで寝るようにしていました。

そんなある日、仕事のため、朝家に戻ると、何かが焦げた匂いが、どこかからしてきます。匂いの元を探っていくと、それは二階らしい。まだ日の高い午前中ですから、霊は出ないはずと思って、二階に上がりました。その匂いの原因は私の作った御札でした。御札だけが火で炙《あぶ》られたように黒く焦げていたんです。

それからです。恐怖を忘れさせてくれるほど沢山あった仕事が、突然激減していきました。

霊現象とは関係ないのかもしれませんが、予約してくださっていたお客さんからは、急ぐことになったので他に頼むことにしたと連絡が入りました。すでに注文をいただいたお客さんからも、次々とキャンセルがありました。どれも明確な理由は教えてくださらないのですが、あれだけあった仕事が、今ではほとんど無くなってしまったのです。

私はもうどうしたら良いのか分かりません。三木住職、どうしたらよいのでしょうか……。


女性は、疲れ切った表情で私に全てを話してくださいました。

私もどこかで「霊を見た時は、出て行けなどの大声を出せば良い」と、耳にしたことがあります。しかし、それは正しいことなのでしょうか。

大声で霊を威嚇《いかく》することは、一種の「お祓《はら》い」なのかもしれません。しかし、お祓いという行為は、悪い運気や、病気、厄災に対して行うもので、霊に対してはお祓いをするべきではないと私は思います。

では、霊に対しては何をするべきかと言いますと、それは「供養《くよう》」です。私は女性の方に、お婆さんの霊に対して供養をするようにお願いしました。

供養と言いますのは、お亡くなりになられた方に対して、お線香やお焼香をすることです。これはお経の中に、お亡くなりになられた方は、お香の香りを食べられるということが書かれているからです。

ここまで私がお話をさせていただきますと、女性は、突然、「私、分かりました」と明るい声で言われて、深々と頭を下げてお礼を言うと、お帰りになりました。

後日、お礼参りという形で再び女性はお寺にご参拝くださいました。

以前お会いした時とは、別人のように明るい表情で、仕事も再び軌道に乗りつつあると教えてくださいました。

女性が仰るには、あれから家に帰って、早速お婆さんの供養を始められたそうです。

お線香台を購入し、お線香を立てて、お婆さんの霊に、大きな声で「出て行け」などと暴言を吐いたことを謝罪されたそうです。

生きている人間と、亡くなられた人間とは、かけ離れた存在だと考えておられたそうなんですが、私の話を聞いて、そうではないと思われたようです。

普段は生きている人間に対しては、挨拶をされます。ですが、物や亡くなられた人に対しては、挨拶をされませんでした。しかし、最初に引っ越しをされた時に、偶然とは言え、挨拶の御札を作られました。それはお婆さんにも伝わったはずです。〝新しい同居人〟として彼女の仕事を手伝ってくれたのかもしれません。

にもかかわらず、突然「出て行け」と大声で言われたわけですから、お婆さんの悲しみと怒りは深かったのではないでしょうか。「たとえ亡くなられた方であっても、失礼なことをしました」と彼女も言っておられました。

そして、これからは生きている人間に対しても、亡くなられた方に対しても、礼節だけは忘れないようにしますと、お話しくださいました。

京都人は、相手への気遣いを大切にすると書きましたが、目に見えないものにも気遣いは大切なのです。

呪いの木

京都は、歴史ある神社仏閣が多く、旧家が立ち並ぶ風景がある一方、建物を建てるには高さ制限があるために、高層建築物があまりありません。まさに古き都を感じることが出来ます。

しかしそんな京都も、私の子供の頃とは随分姿を変えました。

特にここ最近になって増えたのが、宿泊施設です。民泊も含め、多くの宿泊施設が出来ました。

また、昔からの旧家も数を減らしました。当然旧家ですから、耐震補強の問題であったり、家の歪みであったり、建物全体の老朽化による建て替えがされて来たわけです。

古都京都も、近代化の波に押されて変化しているのです。そう考えますと、都市や街というものも生き物なのかもしれません。

しかし、そんな京都において、今なおあまり変化のない場所があります。大きな変化が見られるのは観光寺院や有名観光地の周辺だけで、観光とはあまり関係のない町は、それほど変化していないのです。京都市内の私の実家周辺は、そうした変わらない場所のひとつです。

もちろん、建て直された家などはあるものの、町の様子は、私が過ごした幼少期の頃と大きな違いは感じられません。

そんな実家周辺の町並みを懐かしみながら歩いておりますと、懐かしい友人と出会いました。

友人は小学校からの幼馴染《おさななじ》みで、天野君といいます。天野君とは大人になってからも同窓会などで数回会っておりましたが、それでも数年ぶりでした。

「お、三木君、久しぶり」と彼はすぐに気が付いて声を掛けてくれました。

「お、天野君、これからどこに行くの」などと、昨日も会っていたかのような会話をしました。

不思議なもので、幼馴染みとは、どんなに時間が空いた再会であっても、一瞬にして子供の頃の友達感覚に戻れます。

この日は、たまたま二人ともこの後の予定がなかったので、夕飯を一緒に摂ることにしました。

二人で向かったのは、私の実家から歩いて十分ほどの所にある、「喫茶マリア」というお店です。

ここは私が生まれて初めて食券機を見た喫茶店です。まだその頃は食券機などというものはあまりなく、とても珍しかったのです。

「何年ぶりにこのお店に来ただろうか」。天野君は時折来るらしいのですが、私は子供の時に来て以来、数十年ぶりでした。

店の外には、子供の頃の思い出の中そのままのショーケースがあり、その中には当時のままの食品サンプルがありました。

子供の頃の思い出というものは、大抵いい加減で、現実とはギャップのあることが多いですが、喫茶マリアは、私の古い記憶通り現在もそこにあったのです。

店内に入ると、食券機はすでに無くなっていました。お店の方に尋ねますと、もう随分前に処分されたとのことでした。それは残念でしたが、このお店の名物の焼きそばの味は、今も昔と変わらずとても美味しかったです。

そんな喫茶店で、天野君と話をしていますと、昔二人で行った大きな木の話になりました。

それは、樹齢百年はあるのではないかという杉の木のことです。

その木は、この喫茶店から歩いて十分ほどの所にある大きな屋外駐車場の中にありました。車が二十台近く止められる大きな駐車場でしたが、その真ん中近くに立っていたその木は、子供なりに考えても、とても邪魔なように思えました。

この木には、特に神社で見られるような注連縄《しめなわ》や、幣束《へいそく》のような飾りはありませんでした。ですので、なぜこの大きな木が残されているのか、子供達の間では様々な噂となっていったのです。

ある友達によると、あの木を切ろうとした人が、事故に遭って亡くなられたとか、またある友達によると、木を切ろうとして、枝を払うために上った人が落ちて亡くなられた……などといった噂が小学校で流れました。夜（怖い話の舞台は大抵夜です）、この木に近づくと恐ろしいことが起きるなんてことも言われていたように思います。

時は霊能者や、超能力ブームで、子供達の好奇心も強く、実際に夜に木の所まで行く友達も増えました。そして、子供達はその木に「呪いの木」という恐ろしい名前まで付けたのです。

かくいう私と天野君も、大いなる好奇心に押されて、ある夜、その呪いの木まで行こうということになりました。

他にも友達を誘いましたが、夜は出られないということで、二人だけで行くことになりました。

時間は確か夜の七時頃。夏でしたので、辺りはまだ明るかったと思います。

しかし、駐車場に着くと、屋根が無いにもかかわらず、薄暗いんです。その薄暗さは、木に近づくにつれて一層濃くなったように思います。

もちろん大木ですから、その枝が日の光を遮《さえぎ》って、その周りだけが不気味に暗くなっているのは、今にして思えば当たり前だったのかもしれません。

「なあ、三木君、これが呪いの木やんな」

「そうやなあ。何か迫力があるなあ」

私は、木がこちらに襲いかかって来るのではないかという恐怖を感じていました。

「今日、二人だけでここまで来たこと、みんな信じるかな」

「どうかな。でもここまで来たのは事実やから、信じて貰えんでもええんちゃう」

私が答えると、天野君は信じられない提案をしてきたのです。

「俺は疑われるの嫌やから、証拠を持って帰る」

「証拠って何を持って帰るん」

「この木の皮を削って持って帰る」

そう言いながら、天野君は、ポケットから、先割れスプーンを出しています。

先割れスプーンとは、当時給食の時に出された、先端が三叉に割れてフォークの機能を備えたスプーンの一種で、スプーンとしての役割が大きいからか、先割れスプーンと呼ばれていました。

天野君は、この先割れスプーンで呪いの木の皮を剝《は》いで持って帰るというのです。

「いくら何でもそれは罰が当たるかもしれへんから止めとこ」

私は恐怖と、木が可哀想という気持ちとが入り交じり、天野君を必死で止めましたが、「三木君、僕一人でもやるで」と言って全く譲りません。この時点で私は天野君が、いつもと違うことに気が付きました。

普段の天野君は、私や他の友達が反対すると、無理に自分の意見を通す人ではありませんでした。

それに、呪いの木を削るなんてことを言い出すのも、天野君らしくないと思ったのです。

「天野君、どうしたん。しっかりして。この木を傷つけたらあかん」

「見ててや、削るからな」

「あかんて」

私が天野君の腕を摑んだ、その時でした。どこからともなく誰かの泣く声が聞こえて来たのです。

「えーん、えーん」

それは小学校の低学年くらいの子供の声で、女の子のようです。私も天野君も、薄暗い駐車場の大きな木の下で、時が止まったかのように動かずに、じっとその泣き声に聞き入りました。

「えーん、えーん」

その声は、はっきりと鮮明に二人の耳に届いていました。声は、明らかにこの木の中から聞こえているのです。

天野君もそれに気が付いたのか、先割れスプーンを慌ててポケットにしまいました。

「天野君、この泣き声、木の中からやんな」

私がそう言うと、なぜか天野君は何も言わずにゆっくりと後ずさりし始めました。

私もなぜか、天野君の真似をして、ゆっくりと後ずさりを始めました。

そして二人は、後ずさりしながら、一分くらいをかけて駐車場から出ました。駐車場の敷地を出た時、天野君はようやく口を開きました。

「あの男の子、誰やろ」

見れば、木の方を指差しています。彼の指差した先には、今までいなかった小さな女の子が目に手を当てて泣いていました。

「あれは間違いなく女の子やん」

「あんな丸坊主の女の子、いるはずないやん」

この時、天野君には、男の子が見えていたようなのです。お互いに見えているものが違う……。私たちは怖くなり、そのまま家に帰りました。

翌日この話をクラスメイトにすると、案の定、証拠を見せてみろと言われました。

しかし、私も天野君も、信じてもらえるかどうかなんて、もうどうでも良くなっていました。と言いますのは、経験した本人達にさえ、夢だったのではなかろうかと思えるほどの出来事だったからです。本人すら懐疑的になるような話を友達にしても信じて貰えるわけがないと思ったのです。

そんな二人が大人になって、この話を再検証するように話をしていて、幾つかの謎が解けたのです。

まず一つ目は、あの時の天野君がおかしくなっていたことです。

実は、あの駐車場に到着した時、天野君は、確かに先割れスプーンを持っていたそうなんです。それは決して呪いの木を削るためではなく、何となく給食の時にポケットに入れたのだそうです。

そして木に近づいた時に、天野君は、何かに襲いかかられるような恐怖を覚えたというのです。これは、あの時の私も同じように感じていました。

そして天野君は、その恐怖のあまり、こちらから攻撃しようとした。それをうまく説明できなかったので、証拠を残すためだと私には説明したそうです。これが、天野君がおかしくなっていた理由でした。

そして二つ目の謎は、私には低学年くらいの女の子、天野君には同い年くらいの丸坊主の男の子が見えていたことです。

私は当時、女の子が見えていたことをこの時、喫茶マリアで改めて話しました。なぜ当時話し合わなかったのかというと、お互い見えている人物が違ったので、言ったところで変に拗《こじ》れるだけだと思っていたからです。

そこで当時、天野君の見た男の子の姿や立ち位置について話を聞きました。そして、私の見た女の子についても同様に詳細に話しました。その結果、驚くべき事実が分かったのです。

私が見た女の子は、あの大きな木のほぼ真下で泣いていました。そして、天野君の見た男の子は、木の少し前方辺りに、手を左右に大きく広げる形で仁王立ちしていたというのです。

二人の記憶が確かであれば、木の下で泣いている女の子を庇うように男の子が立っていたということになります。ここまできて、あることを思い出したのです。

当時、その駐車場で、知り合いのおじさんに出会いました。そのおじさんは、月極でその駐車場に車を停めておられました。

しかも、あの大きな木のすぐ横に停めておられたので、「その木、邪魔だね」と声を掛けました。するとおじさんは、こんな話をしてくれました。

駐車場になる以前、ここには大きな杉の木が二本あったそうです。ご近所では兄妹杉と呼び、樹齢の長い方を兄、若い方を妹としていたというのです。

駐車場が出来る際、古かった兄の木を切り、次いで妹の木を切ろうとした時、色々な事故が相次いだので、この木だけが残ったのだと教えてくださいました。

私達は喫茶マリアの焼きそばを食べながら、顔を見合わせました。あくまで仮説ではありますが、私たちが体験したことは、こういうことではなかったかと結論付けました。

兄の木は切り倒された後も、妹の木を守るために、木を傷つけようとする者を止めていたのではないか。そして、二人があの木に近づいたときに感じた殺気のようなものは、兄の木の魂が発していたものではないか――。

私たちは焼きそばを急いで食べ終えると、当時の駐車場に向かいました。天野君も私も、あの事件からずっと駐車場へは行っていなかったので、妹の木のその後が気になったのです。そしてもしあの木に会えれば、当時のことを謝りたくなったのです。

二人は大通りを西に曲がり、当時駐車場だった場所に行きました。しかし、そこには駐車場はありませんでした。現在は他の建物が建っていたのです。

恐らくあの妹の木は、切り倒されたのだと思います。あの木に宿った魂が今、どこかで幸福になってくれていることを願って止みません。

仏教には「諸行無常《しょぎょうむじょう》」という言葉があります。これは「全ての物は移ろい行き、変化しない物などない」という意味です。

町も人も、草木でさえも、変化しないものはないのです。ただ、もしも不変のものがあるのだとしたら、それは、仏の教えと昔の思い出なのかもしれません。

ソロキャンプ

私は、現在ユーチューブにて、動画配信をさせていただいております。それをきっかけに、色々な方の動画を見させていただく機会が増えました。

数ある動画の中で、「ソロキャンプ」は人気の高い動画です。その名の通り、一人でキャンプをされている様子を撮影した、言ってみればそれだけの動画です。私が思いますに、こうした動画が人気である理由は、もしかすると、多くの方が人間関係に苦慮されているからではないでしょうか。

と言いますのも、他人に気兼ねすることなく一人で楽しめることがソロキャンプの良さですから。

たとえテントを張るのに時間が掛かっても、作ったご飯が美味しくなくても、忘れ物をしたとしても、誰にも迷惑を掛けませんし、怒られることもないわけです。

自然の風景や綺麗な川の流れに癒されるなど、キャンプならではの醍醐味はもちろんありますが、ソロキャンプに人気が集まるのは、人間関係に悩む人が多いことの結果であるような気がしてなりません。

「私もユーチューブで、ソロキャンプの動画を配信しようと思ったのですが、やっぱりやめることにしました」

そう話されるのは、キャンプには一見向いていなさそうなほど、痩せてほっそりとした体型の伊藤さんという四十過ぎの男性です。

この伊藤さん、すでにソロキャンプに行ってお撮りになられた動画があります。配信されないとは、どうしてなのか。お話をお伺いしましょう。

私は、どちらかというと、インドア派の人間で、ソロキャンプどころか、キャンプすらしたことがありませんでした。

しかし、ユーチューブのソロキャンプの動画を見ていて、私もやってみたいなあと思ったわけです。

自然の中で、自分が一人でどこまで出来るか、そしてテントで一日過ごした後、何か自分に自信が持てるのではないかという思いもありました。

そこでまず、動画を撮るための機材や、テントに寝袋、ご飯や珈琲を入れるためのキャンプ用食器など、必要と思われる物を一式買い込みました。

次は場所です。キャンプ場などでは、他に人がいると、たった一人で過ごすという雰囲気が壊れるように思った私は、普通キャンプなどが行われないであろう、ある山に目を付けました。その山の管理者の方に連絡を取り、ソロキャンプの許可を取ることにしました。

管理者の方は、幾つかの条件を提示されました。

火の始末をしっかりすることや、ゴミを出さないこと、そして、その山の中腹辺りにある、少し砂地になった場所でキャンプすること、などです。

砂地のある場所を指定されたのは、消防法で許されているのが、半径五メートルくらいの砂地になった場所だったからです。ここなら、キャンプ程度の火ならば使用してよいと。

そして、その近くには、小さな古びたトイレもあるので、キャンプをするには良い場所ではないかとも教えてくださいました。

ただ、問題は——何かが起きたときに、近くに全く人がいないことだと言われました。

しかしソロキャンプをしようとする私にとっては、静かな場所というのは最高ですし、動画を撮るにあたって、他の人に気兼ねなく大きな声が出せることも、好条件の一つです。

ということで、私はここで一夜を過ごすことにしたのです。

朝から車で山の麓《ふもと》の駐車場まで行き、そこからは、キャンプ道具をタイヤ付きのワゴンに載せて砂地の場所まで運びました。

三回往復して、疲れはしましたが、普段運動をしないからか、心地良い気分になれました。

荷物を全て運んで、少し休憩しようと、持って来たペットボトルに口を付けて、ふと周りを見渡すと、砂地の外は、木立が鬱蒼《うっそう》と茂っており、何か地球上でここだけが取り残されたような感覚に陥りました。

そう感じたのは、これまで、私が全くと言って良いほど、このような場所に来たことがなかったからに違いありません。ソロキャンプでは、この感覚を楽しむことも目的の一つでしょうが、どこか心細く、少し恐怖に似た感じがしたんです。

いずれ慣れるだろう……。私はまず、動画を撮るための用意をしました。と言いましても、機材はカメラと、それを立てるための小さな三脚だけです。すぐに用意は出来て、早速撮り始めました。

「それではこれより、全くの素人が初めてソロキャンプに挑みます」

楽しく軽快な雰囲気の動画に仕上げることが今は大切です。

珈琲を作ったり、簡単な料理を作りながら、近くの川の流れる音や、鳥のさえずりなどにも逐一コメントしつつ撮り続けました。

そうこうしているうちに、あっという間に数時間が過ぎました。時間は夕暮れ前でしたが、周りが林に囲まれているせいか、辺りは早くも暗くなり始めています。

「そろそろテントを張らないと遅い時間になってしまいますので、テントを張っていきましょう」

時にはカメラの位置を変えながら、テントの張り方を説明していきます。結構時間が掛かり、張り終わる頃には周りはすっかり日が落ちて、急に暗くなって来ました。

再び珈琲を淹《い》れて飲みながら撮影を続けます。

「テントはこのように、初めての私でも、何とか張ることが出来ました」

どこが難しかったとか、ここに工夫が必要だったとかとコメントしながら撮っていた、その時です。

何かの気配を感じました。その気配とは、林の中から何かに凝視されているような感覚です。

私に本来の動物的感覚が残っていたとしたなら、それはまさしく命の危険を知らせるセンサーが反応したと言っても良いかもしれません。

山の中腹なので当たり前かもしれませんが、時折冷たい風が吹き、焚き火の火を揺らします。いまさらながら得体の知れない恐怖が大きくなってきました。

それでも、まだこのときは余裕があったんです。ソロキャンプ動画を完成させせなくてはいけないと、何事もなかったかのように「自然の中でいただく珈琲は美味しいですよ」などと、動画の撮影を続けていました。

出来るだけ明るくコメントを続けた私ですが、やがて恐怖に打ち勝てず、懐中電灯で、林の方を照らして、何かいないか確認しました。

林の木々は、風に揺れるだけで、何か生き物が動く気配はありません。にもかかわらず、私は何者かの視線だけは感じていたのです。

これ以上外にいることが辛くなってきた私は、火の処理をして、テントの中に入ることにしました。

テントに入って、電池式のランタンライトを点けると、不思議と一気に気持ちが落ち着きました。自分がすべて把握できる狭い空間に入ったことで、安心できたのかもしれません。

少し気持ちが落ち着いたところで、テント内での撮影を開始しました。ランタンライトの明るさや、テントの中の快適さなどを説明しながら撮影していたのですが、再びあの感覚が私を襲ってきたんです。

何かが近くにいる――。そう感じた私は、テントの入り口のチャックを閉めました。

テントの入り口を閉めた時点では気が付かなかったのですが、このとき撮影されていた動画を後日確認したところ、不思議なことに、テントを閉めたのを最後に動画は全て「ピー」という音と、真っ暗な画面しか映っていませんでした。そして、画面が真っ暗になってしまった後が、本当の恐怖の始まりだったのです。

私はまだ動画は撮れているはずだと思って、恐怖を押し殺しながら、一人カメラに向かって色々な話をしていました。

すると突然、テントの外から、ガサガサガサ、と何かが草木を揺らす音がしたんです。

私は話すのを止めて、耳を澄ましてみました。しかし、もう何も聞こえて来ません。気のせいだったのか……。しかし気配だけは近くに感じていました。

管理者の方からは、鹿やイノシシが時折出るが、明かりや音、人の気配のするところには、この時期は寄ってこないと教えられていました。もちろん、野生動物の行動に絶対ということはありませんが、もし、鹿やイノシシなら、大きな音を立てれば逃げていってくれるはず。私はこの気配の正体を確かめてみようと決心しました。

動画の撮影を中断し、入り口のチャックを少し下ろそうとした、その時でした。

「ニャーニャー」

猫のような鳴き声がしてきました。私は入り口を開ける手を止め、しばらく静か

にしていました。すると再び、

「ニャーニャー」

という聞き間違いようのない、猫の鳴き声がしてきたのです。

「よかった、猫か。近くに危険があればこんな鳴き方はしないだろう」

安心した私は、入り口を開けて、ランタンライトで外を照らしました。しかしそこに、猫の姿はありませんでした。確認は出来ませんでしたが、安心は出来ました。猫は人間の身近な所にいる存在ですし、危害を加えてくるようにも思えません。気持ちが楽になった私は、紙皿にミルクを入れると、テントの入り口付近に置いておきました。

安心できたところで撮影を再開しようとした時、今度は「ウー、ワー」という鳴き声が聞こえてきました。その声は、猫が何かに対して威嚇をする時に出すような声でした。

しばらくすると「アー、アー」という赤ちゃんの泣き声のような鳴き声に変わりました。

一体、何が猫に起こっているのだろうかと想像していると、再び猫の鳴き声は激しさを増しました。

「アーーーー、フーーーー、ニャー」

この異常な鳴き方は何なんだ。さきほどとは打って変わった鳴き声に、私は怖くなって、撮影を放り出して寝袋に入りました。

そして、数分が経ったとき、「ジャッジャッジャ」という砂を蹴るような音が近付いてきたのです。そしてなんと、その音は、テントの周りをぐるぐると回り出しました。

恐怖は絶頂に達しました。

問題は、何かが起きたときに、近くに全く人がいないことだ——。管理者の方の言葉だけが頭の中でこだまします。

もはや私にはどうすることもできません。このどうしようもない状況を受け入れる以外に方法はありません。ただ寝袋の中に入ったまま、耳を押さえながら朝を待ち続けました。

朝になって、自分がいつの間にか寝ていたことに気が付きました。あの恐怖の中、よく寝られたものだとも思いましたが、それほど疲れていたのかもしれません。

私は恐る恐る寝袋から出ると、周りに何か怪しい気配はしないか確認してみましたが、鳥のさえずりが聞こえるだけで、何も感じません。

急いで帰り支度をして、山を降りよう。この時点でもう動画の撮影はどうでも良くなっていました。

テントから出ると、テントの周りには、昨夜、動物が歩いた足跡だけが残っていました。その足跡は、小さな肉球の跡で、やはり猫のもの。そして、その猫は、深夜に何周もテントの周りを回ったようです。その異常な行動を確認した私は、すぐにキャンプ道具を片付けると山を降りました。

下山したことを伝えるために、管理者の方に連絡をしました。その際に、昨夜の話をしたところ、全く信じてもらえず笑われてしまいました。

「確かに猫は時折見かけますけど、そんなに何度もテントを回ったりしませんよ。深夜、山の中に一人でいたのが余程怖かったんですね。ソロキャンプには向いていないんじゃないですか」

このことを妻に話すと、「今度は一人で行くのは止めておきなさい」と、あなたはソロキャンプに向いていないと言わんばかり。

そのとおりかもしれない、それにあんな心細い思いはもうごめんだ。今度は近くの喫茶店のマスターを誘ってみようと考えました。ここのマスターは、年齢も近く話も合うし、なんと言っても珈琲を淹れるプロですから、きっと快諾してくれると思ったんです。

私は、その喫茶店に早速行きました。そこで、マスターにソロキャンプの夜の出来事を話し、次は一緒に行かないかとお誘いしたのですが、同じカウンター席に座っていた女性が、こちらを睨むように見ていたのです。

少し声が大きかったかなとその方に軽く会釈《えしゃく》しました。するとその女性は、鬼気迫る顔で、その山はどこですか、その時の様子を聞かせて下さいと、矢継ぎ早に聞いて来たのです。

戸惑いながらも、事細かにお話をすると、その女性は得心したようです。

「そうですか、猫の鳴き声がしていたんですか。その猫はきっとこの世の物ではないですよ。だって、あなたの右肩に猫が憑《つ》いてますから」

本当に猫の霊がいるのか、もしいるなら供養して欲しい。こうして伊藤さんは、私のところにお越しになられたのです。

早速、その猫さんのために、伊藤さんと一緒にお経を読ませていただきました。お経を読み終わって、後ろを振り返りますと、なぜか伊藤さんが、むせぶように泣いておられました。

「どうされましたか」

「なぜ涙が出るのかわからないんです。でも、涙が止まらないんです」

私は時々、こういった現象に出くわします。たとえば、身近な方が亡くなられて、お葬式で、泣くつもりはないのに突然涙が止まらなくなる方がいらっしゃいます。

それは、泣いている方というより、亡くなられた方が何かを伝えたいのかもしれない、と私は思います。もしかすると、猫さんが何か訴えたいことがあるのかもしれないと思ったのです。

私は伊藤さんとともに、キャンプをされた場所まで行ってみることにしました。その場所は、確かに一人だけで一夜を過ごすには寂しい場所のように思われました。

「最初に伊藤さんが猫さんの声を聞かれたのはどの辺りですか」

「テントの入り口の正面でしたので、こちらの方です」

指差された場所は、木々が茂った所でしたので、私は木々の間をかき分けながら林の中に入って行きました。

すると、草むらに何かが落ちているように見えました。かがみ込んでよく見ますと、それは一匹の猫さんでした。体がカラカラになった状態で倒れていたのです。死後一週間以上は経っているでしょう。私は、この猫さんが、キャンプをされている伊藤さんのテントの周りを回っていたのだと確信しました。

私は、その猫さんを両手で持ち上げ、ふと前を見ますと、そこに一枚の紙皿が落ちているのに気が付きました。

そう言えば、伊藤さんは、猫さんの声がした時に、ミルクを紙皿に入れて入り口付近に置いたと仰っておられました。

その紙皿が何故こんな所にあるのかと、不思議に思い、近づきますと、そこには四匹の子猫ちゃんが、ぐったりした状態で横たわっていたんです。

私はすぐに伊藤さんに声を掛け、その子猫ちゃん達を車に乗せて、獣医さんのところへ連れていきました。

獣医さんのお話では、かなりの栄養失調で、もう少し発見が遅ければ子猫ちゃん達は死んでいただろうとのことでした。子猫ちゃんの口の周りにはミルクが付いていたそうです。

もしかしたら、あの母猫さんが、子供のために伊藤さんが入れて下さったミルクを運んだのかもしれません。

「必死だったのは分かるけど、もう少し優しく教えてくれたら良かったのに」

初めてのソロキャンプで恐怖のどん底を味わわされた伊藤さんは、母猫さんに対して、恨み節を述べておられました。

その後、子猫ちゃん四匹は、伊藤さんが飼い主になって下さいました。

それにしても、あの猫さん一家はなぜ、あんな山にいたのでしょうか。もしかすると、人間が人間関係に苦慮するように、この猫さんも猫関係に苦労していたのかもしれません。そこで、最後には人間に助けを求めてきたのではないでしょうか。

人間が疲れたときに、自然の中で心が癒されるのは、自然の川や木々の美しさに助けられているからです。ですから人間も自然に感謝して生きていかなくてはなりません。それは、動物達に対してもそうで、猫さんや犬さん、その他多くの動物さん達にも癒されることがあるのですから、やはり感謝しなくてはいけません。

このように考えますと、やはり人間はソロで生きていくことが出来ないのでしょう。時には一人になることも良いですが、人は人の間にいるからこそ「人間」なのかもしれません。

ですから、全世界の命が、互いに支え合って生きなければいけない——。そんなことに再び気付かされた事件でした。

第二章

気

中国思想や道教、東洋医学の世界などでは、「気」という物が存在すると言われています。

存在するとされても、この気という物は、目には見えません。ですから現代科学ではその存在を認められてはおりません。

気には色々な種類があります。「陽気」「陰気」「元気」「景気」「気配」「気持ち」「気分」……書き出しますと切りがないほどです。

気という物には、「陰」の気、「陽」の気があります。

たとえば、夏は陽の季節です。陽の季節には、陰の気を持つ食べ物を食べると、陰陽のバランスが整って、健康が保たれます。

夏の代表的な陰の気を持つ食べ物は、スイカです。ですから夏にスイカを食べると、陰と陽のバランスが良いわけです。このように、季節や食べ物にも気という物があります。

これは、人間にもあてはめて考えることができます。

人間は、元来、「元気」という気を持って生まれてきます。これが病に冒されると「病気」と言うわけです。

ただ、生まれながらに病気の人もいるのではないかと思われる方もいらっしゃるかもしれません。

しかし、気という物は、物質的世界に存在するものではありません。体が病に冒されても、気が元の気であれば、それは元気と考えます。体が陰の気に冒されていても、心が陽の気であれば、これは陰陽のバランスが取れているのです。

気とは、心の有りようのことです。

では、心が陰の気で覆われていると……。本篇をお読みください。

今のところ、気の存在は科学的裏付けが取れていませんが、いつの日か科学で証明される時が来るかもしれません。

そうなれば、一人しかいないはずの部屋で、背後に気配を感じた時、そこには何かが存在するということです。

苦情

「今何時だと思っているんですか。いい加減静かにしてください！」

深夜、蓮久寺にけたたましく掛かってきた電話。その声の主は、若い男性でひどく苛立っています。

私が「一体、何のことですか」とお訊ねすると、相手は蓮久寺の北側に位置するマンションの住人の方でした。聞けば、「さっきから子供の声がうるさいので、静かにして欲しい」とのこと。

しかし、お寺には子供はいません。そもそもこんな夜遅くに子供が起きているのも不自然です。

子供はお寺にはおりませんがとお伝えしたのですが、「現に今だって寺の方から子供の騒ぐ声がする」と仰るのです。

しかし、ここにいる私に子供の声など聞こえないのですから、身の潔白を晴らすべく、「北隣のマンションにお住まいでしたら、今からお寺に見に来てください」とお願いしました。もっとも、いくら怒っていても、普通の方にとって深夜のお寺は気持ちのよい場所ではありません。「分かりました」とだけ言って、電話は切れました。

聞き間違いだろうと思って、忘れかけていた数日後、ご近所の方とお会いした時、「昨夜、お寺で子供会か何かあったんですか」と聞かれたのには驚きました。「いいえ、何もありませんが」とお答えすると、「昨夜大勢の子供の声がお寺からしていましたよ」と仰る。そんなはずはありません。子供会というものも、お寺では行っておりません。

それからも数日続けて、同じような話をご近所の方々から伺いました。住んでいる私には聞こえないのに、なぜご近所の方々には聞こえるのか、それにいつも夜に聞こえるのも不思議なことです。

そこで、声の正体を突き止めるべく、私は調査をすることにしました。まず、声を聞いたという方は、時間が深夜、すなわち十二時近いということ、それに、家の窓を開けていた、あるいは外に出た時に聞こえたと仰います。この情報を元に、私は夜、本堂で見張りをすることにしました。

十二時になりました。何の声も聞こえて来ません。

さらに一時間ほどが過ぎましたが、物音ひとつしません。さすがに眠くなってきた私が、今日は何も聞こえない日なのかもしれないと、本堂を後にしようとした、その時です。

ぱたん……。

本堂に置いてある机の上に並ぶお人形さんの一つが床に落ちました。私は一瞬、何か聞こえるかと思いましたが、お人形さんが動いただけでした。

読者の皆様を驚かすつもりはありません。蓮久寺のお人形さんは、誰も手を触れていなくても、動きます。なぜ本堂にお人形さんが置いてあるかといえば、蓮久寺に住む座敷童《ざしきわらし》の玩具だからです。たびたび動かされることがありますので、これには私はもう驚きすらしません。

それに座敷童が本堂で遊んでいても、一人か二人だけで遊びますので、ご近所さんに聞こえるほどの声や音は出しません。

私はもしかすると、ご近所さんの勘違いかもしれないと、再び本堂から出ようとしました。すると、聞き慣れない音がしたのです。

「カーン、カーン、カーン」

なにやら鉄を叩くような音です。

私は思わず本堂の中を見渡しましたが、その音は、明らかに外から聞こえて来ます。

そして、その音が聞こえると同時くらいに、今度は本堂の中で、「トトトトトッ」という音がしました。まるで子供が走るような足音で、本堂の外に向かって遠ざかっていったように聞こえました。

私もすぐに外に飛び出しました。すると、本堂を出た左手から、複数の子供の声が聞こえて来たのです。

その声のする方というのは、蓮久寺の墓地でした。私が墓地まで行くと、そこには卓球の球位の大きさの緑や白の光の球が幾つも浮いており、その中には、数人の大人の姿も見えました。

目を凝らして見ると、大人の一人はお婆さんのようです。不思議そうに見ている私に気が付いたのか、お婆さんが会釈されました。つい反射的に私も会釈を返しました。

よく見ればそのお婆さんは、手に鉄の半鐘《はんしょう》を持っておられました。

私は、はっと気が付きました。そうか、地蔵盆か——。

地蔵盆とは、関西では夏の子供の恒例行事の一つで、町内ごとに子供を集めて、お菓子を配ったり、お経を読んだり、町内のお地蔵さんを綺麗に洗ってあげる行事です。

子供達にお菓子や催し物をする時間を知らせるために、鉄の半鐘を鳴らして回る風習が今でもあります。

私が先程聞いた鐘の音は、このお婆さんが子供達を集めるために鳴らしておられたに違いありません。

そして、この鐘の音を楽しみにしていた蓮久寺の座敷童が、本堂を飛び出し、お墓のお婆さんの所まで遊びに行ったのでしょう。

そんなことを考えながら、集まった光の球を見ていると、フワフワと楽しそうに動いた後、お婆さんの姿と共に、ゆっくりと消えていきました。

そして、完全に真っ暗になった瞬間に、大勢の子供の笑い声やキャッキャと叫ぶ声が、急に耳に聞こえて来ました。

光の球が消えて、遅れて声が聞こえて来る現象。このタイムラグがなぜ起こったのかは分かりませんが、皆、本当に楽しそうな声でした。

次の日、私はお墓にお菓子を置いておきました。そして、お婆さんにも何か置いて差し上げないといけないなと考えていると、お墓にご年配の女性がお参りにやって来られました。

「ご苦労様です。どちらのお墓にお参りですか」

「私のお墓です」

一瞬、私は意味が分からなかったので、聞き返そうとしたその時、お婆さんが私の後ろを指差されました。

それにつられて振り向くと、

「お気遣い有り難う御座います。声が聞こえないように注意しますね」

と、私の耳元で声がしました。驚いて振り向くと、もうそこには誰もおられなかったのです。

その年以来、地蔵盆の時期になっても、子供達の声は聞こえません。しかし、時々、光の球が飛んでいることはあります。

後悔

世界には、多重人格者と呼ばれる方がおられます。医学的には、解離性同一性障害というそうです。

これは、一人の人間の体に、複数の人格が入っている状態のことです。幼少期の大きなストレスや心的外傷が原因だとされています。

複数の人格が、交代に一つの体を使うということだけでも大変不思議なことですが、さらに私が不思議に感じることがあります。

たとえば、複数の人格の中に、音楽家がおられるとします。その人格が出ておられる間だけは、ピアノが弾けたり、他の楽器が出来たりするそうです。

他にも、元の人格は絵が下手でも、画家の人格に変わった途端、とても上手な絵が描けるようになったり、知らない国の言語を話し出したりすることがあるそうです。

医学的には、どのような見解がなされているのか、私なりに調べてみましたが、どうやら決定的結論はまだ出ていないようです。

自分が身に覚えのない知識や技術が、他の人格の出現によって発揮されるということは、もしかすると、前世、前前世の記憶が脳の一部に残っている証拠なのかもしれません。

このように考えてしまうのは、私が宗教家であると同時に、科学で説明できない未知の現象が好きであることも影響しています。

そんな未知の現象好きの感覚でお話をさせていただきますと、解離性同一性障害は、一種の憑依《ひょうい》現象ともいえるかもしれません。昔から解離性同一性障害があったと仮定しますと、それは霊的な何者かが憑依したと考えたのではないでしょうか。

今まで私が目にして来た憑依現象は沢山ありますが、その方の精神的状態に由来する現象なのか、霊体が体を乗っ取ってしまったものなのか、答えを出せずに終わることがほとんどです。そんな憑依現象の中でも、この事例は霊的現象ではないかと思えたお話をさせていただきます。

今から十数年ほど前のお話です。

ある山道のカーブで、バイクとトラックが接触し、バイクが転倒するといった事故がありました。時間は夕暮れ時だったので、夕日に目が眩んでの事故だったようです。

バイクは横倒しになって、ガードレールに引っかかって止まりましたが、運転手さんの姿は、そこになかったそうです。

トラックの運転手さんには、特に大きな怪我などはありませんでしたが、すぐに救急車が呼ばれました。

救急車両が到着してすぐに、警察の方々がバイクの運転手さんの捜索を始められました。その頃にはもう日がかなり落ちていて、事故現場周辺も、薄暗くなっていたそうです。

警察が、バイクの運転手さんを発見したのは、事故現場から少し山を降りた場所だったそうです。どうやらガードレールの繋ぎ目の隙間から落ちて、山の斜面を滑り落ちてしまわれたようです。

バイクに乗っていたのは、高校三年生の玉木一馬君という少年でした。

ヘルメットを被っていたとはいえ、衝突と落下による衝撃は相当あったに違いありません。ところが、発見時の彼は、なぜか滑り落ちた場所から、少し離れた小さな広場にいたそうです。そこにあった、小さな石に腰掛けていたというのです。

警察が声を掛けると、安心したのか急にその場に倒れ込んでしまいました。

病院に運び込まれた彼は、幸いにも外傷はほとんどなく、次の日には、名前を呼ぶと「はい」とはっきりと返事もされたそうです。

少し様子を見て、ほどなくして退院となったそうなのですが、無事を喜んでいたご家族の方々は、徐々に彼の異変に気が付きます。学校が夏休み中だったため、彼といつもより長い時間を過ごしたためでもありました。

最初の違和感は、言葉のイントネーションでした。

ご家族は、関西圏の方なのですが、事故以来、一馬君の話す言葉が、関西弁ではなくなっていったのです。

ある日の夕食。

「一馬、野菜も食べなさい」

普段の一馬君であれば、好き嫌いなくバランス良く食事を摂っていたそうなのですが、事故以来、食べ物に偏りが出てきました。とくに野菜を食べないので、この日も何度か注意したところ、

「せからしか！」

彼の怒鳴り声はもちろん、そのはじめて聞く言葉に家族は唖然《あぜん》としました。何を言ったのか聞き直すと、一馬君はふてくされたように自室に籠もってしまいました。

「せからしか」という言葉ですが、これは関西では使用されません。ご家族の方がお調べになると、どうやら九州地方で使われる言葉で「うっとうしい、めんどくさい」と言う意味があるそうです。

一馬君はもちろん、ご家族の方々も九州とは縁がなく、行ったことさえないそうなのです。にもかかわらず、一馬君がこの言葉を発したのはなぜなのでしょうか。乱暴な言葉もふてくされたような態度も、事故前の一馬君からは考えられないこと。戸惑いながらも、事故のショックもあるのだろうと、ご家族はしばらく様子を見ることにしました。

次の日、一馬君の言葉は、完全に関西の言葉、イントネーションではなくなっていたそうです。

朝、ご家族の方が「おはよう」と声を掛けると「ちょっと出掛けてくるけん」と、昨夜の「せからしか」という言葉同様、九州の方言で話し出したのです。どこに行くのか尋ねても、何も言わずそのまま出て行ってしまわれたそうです。

心配になったご家族は、この一馬君の状態を病院の先生に相談されました。先生によると、頭部に強いショックを受けた場合、一時的に言動がおかしくなることがあるそうです。

数時間後、帰宅した一馬君は、日曜大工でも始めるのか、のこぎりや彫刻刀、木材などを大量に買い込んで来たそうです。そして、自室に籠もって何やら始めました。

部屋の中からは、木を切る音や、金槌で釘を打つ音が聞こえて来ます。夕飯の時間になったので声を掛けると、「すぐ行くけん、先に食べちょって」とやはり九州弁で返事はありますが、なかなか姿を見せません。

先にご家族の方が食事をしていると、ようやく一馬君がリビングにやってきました。そして「これ見て」と、とても嬉しそうに一つの小さな机を見せてくれたそうです。

小さいながら、ちょっとした彫刻のようなものまで施された、立派な作品と言っても言い過ぎではないような仕上がりだったそうです。

そもそも一馬君のお父さまは、病院の外科の先生をされており、一馬君はその家の一人息子です。将来は息子も病院の先生になって欲しいと、子供の頃から習い事などを沢山させていたそうです。

そのせいか、あまり友達と遊ぶこともなく、運動も苦手で、図工のような物作りは、特に苦手だったそうです。それなのに、小さいながらも、こんな立派な机を短時間で作るとは、今までにない出来事だったそうです。

しかし、それを見たご家族は、一馬君に「大学受験までもう時間ないぞ。大切な時期に何をしているんだ」と、少し叱ったそうです。その時、一馬君は、とても嬉しそうにこう答えられたそうです。

「なんも、心配はいらん。おれは立派な宮大工になるけん」

それまで勉強一筋にやって来た一馬君の言動に、ご家族は倒れんばかりに驚かれたそうです。

「お前は……一体誰だ」

雰囲気、趣味嗜好、食べ物の好き嫌いまで変わってしまった一馬君に、ご家族は思わず大声で叫んだそうです。

「なんば言いよっと。おれは一馬や」

とても明るく、はっきりとした声でそう言うと、一馬君は食事を淡々と済ませて、再び自室に戻って行きました。

今まで見たことのない一馬君の自信に満ちた楽しそうな笑顔。その時はそれ以上、何も言えなかったそうです。

その後も、一馬君は人が変わったように、物作りに没頭していかれました。

そこで、心配になったお父さまは、精神科や脳外科の先生方に相談をされました。その先生方の答えは、強いストレスや頭部への衝撃による精神の錯乱だろう。しかし、こんな長期にわたってその症状が出るとは聞いたことがない。先生方は一様に首を傾げるばかりでした。

そこでご家族は、一馬君を連れて、私のお寺にご相談にお越しになられたのです。

「勉強やテストのストレス。受験のプレッシャーが、一馬をこのようにさせたのかもしれません」

憔悴《しょうすい》した表情のご家族が仰います。しかしながら、今まで使用したことのない九州弁、出来なかった大工仕事が出来るということが、私には不思議でなりませんでした。

ご家族と私が会話している間、一馬君は、本堂に安置されている仏像を一つ一つじっくりと見ながら「これはすごか。これはすごか」と、彫刻の専門家の如く、ご覧になっていました。

私は一計を案じ、一馬君と、仏像について話をしてみることにしました。

「一馬さんは、仏像にご興味がおありですか」

「ええ、興味があります」

「この本堂の仏像が作られたのはいつ頃か分かりますか」

「恐らく、江戸時代の終わりの方かと思います」

「そうですか。江戸時代の終わりと言いますと、一馬さんは、その頃九州におられたんですか」

「そうです。九州は福岡の……」

しまった、と表情を一変されました。

「あなたは一体誰ですか」

私はこの方の正体を突き止めるべく、質問を続けました。

「あなたは、一馬さんの体に入り込み何をしたいんですか。どうして一馬さんの体に入ったのですか。名前はなんと仰るんですか。九州福岡では何をされていたのですか」

立て続けに質問をしていますと、一馬君の体は大きく揺れ始めました。そして、こう答えたのです。

「分かった、分かった。全部話すけん、質問を止めてくれ」

次の瞬間、一馬君の目が鋭く変化したように見えました。

「私の名前は、砂田夕玄と申します……」

砂田夕玄と名乗る、一馬君の中にいる人格は、詳しく自分の人生を話してくれました。

それについては、ご家族のご要望もあり、ここでは詳しく書くことを控えますが、簡単に説明しますと、次のようなことでした。

江戸時代後期に、九州の福岡でお生まれになり、仏師になりたいと、京都に勉強のため上洛。その後、生まれ故郷に戻られたのですが、数年後、さらなる研鑽《けんさん》に努めたいと再び上洛して以降、京都に居を構えられました。

しかし、その直後に事故によってお亡くなりになります。弟子の手によって、京都のとある場所に墓が設けられたそうです。その墓のある場所は、昔は良い木が育った、とある山の中だということでした。

死後、いくばくかの時が過ぎたが、ある時、自分の墓に青年がやって来た。意識が朦朧《もうろう》としていたので、砂田さんは思わず話しかけたそうです。青年は一馬君で、恐らく、事故のショックで意識が朦朧としていて、死後の世界に少し入り込んでいたのかもしれません。

その時の会話で、一馬君は、勉強ばかりで嫌気が差しており、このまま誰かと入れ替わりたいと言ったそうです。

それは好都合とばかりに、まだまだ仏師としての勉強がしたい自分が彼の体に入り込んだのだ、と砂田さんは淡々と説明してくれました。

私は、どうか一馬君の体から出て、元に戻して欲しいとお願いしました。そのかわり、砂田さんのお墓があった辺りに行き、輪廻転生《りんねてんしょう》が早く進むようにご供養しますと約束して。

しばし思案して砂田さんは、「仕方なかね」と言うと、先にお経を読んで欲しいと仰いました。

読経を始めると、一馬君の体は左右に揺れ始めました。そして読経の途中で、

「ここはどこ」と驚いたような声とともに一馬君は戻ってこられました。

砂田さんが体におられた時の記憶は、一馬君には全くありませんでした。

私は砂田さんとの約束を果たすべく、幾つかの手がかりを元に、お墓があった場所を探すことにしました。その場所は案外すぐに見つけることが出来ました。

なぜなら、そこは一馬君がバイクで事故を起こした現場だったからです。そして、一馬君が発見された時に、腰掛けていた石こそが、砂田さんのお墓だったのです。

霊界の仕組みを詳細に知ることは出来ませんが、砂田さんが再び輪廻転生し、仏師の道を歩む環境になられることをお祈りし、ご冥福《めいふく》を祈らせていただきました。

後日、不思議なことが分かりました。それは一馬君が、図面もない状態で椅子や机を作れるようになっておられたことです。

しかも「手先が、異常に敏感になった気がする」とご本人が語られるほど、手先が器用になられたそうです。もしかすると、少しの間だけ体を借りた、砂田さんからのお礼なのかもしれません。

その後、一馬君は、今まで無機質にこなしていた勉強に意欲が湧き、医学関係の大学に進まれて、手先の器用さを生かし、お父様と同じ外科医としての道を進まれています。

人間の命というものには、時間制限があります。あとどのくらい自分に時間があるのかは分かりません。しかし、いつか終わりは来てしまいます。

ですから、道義的な問題がなく、全ての責任を負う覚悟が出来れば、夢に向かって精一杯生きるべきだと思います。

「お前には無理だ。止めておけ」と言われても、その人が見誤っている可能性もあります。自分を信じて全力で夢に向かって進むべきだと思います。

最初にお話しさせていただきましたが、一つの体に複数の人格が入るという現象は、この事件のように、霊的干渉がある場合もあると思います。

お経に「一念三千世界」という言葉が出て来ます。一念とは人の心のことです。人の心は、三千の世界に影響を及ぼすと言う意味なのですが、言い換えますと、私たちは心の持ちようで、無限の可能性を秘めていると言えるのではないでしょうか。

夢の絵

「昨夜、夢の中に三木大雲が出て来た」

ツイッターなどのSNSの書き込みに、時々このように書かれております。もちろん、ただの夢ということなのでしょうが、あきらかにそうではないと感じる時があります。

SNSの書き込みに「三木大雲が夢に出て来た」という内容が、集中する日があります。つまり、私が沢山、何方もの夢にお邪魔している日があるのです。そんな日は決まって私は寝起きが悪く、寝起きが悪い日には「三木大雲が夢に出て来た」という書き込みが多くあるともいえます。

夢の中の私を、別の方が夢で見る、という不思議なこともあります。

ある日、私が蒼《あお》い色の蝶々に囲まれながら、日光浴をしている夢を見ました。それはとても心地良く、暖かな夢でした。

朝起きますと、この日の目覚めは悪くなくて、とてもリアルな夢で、まだ日光浴の暖かさが体に残っていたので、ついつい二度寝をしてしまったほどです。

その日の夜に、友人の中野さんという方からＬＩＮＥでメッセージをいただきました。

その内容は、蒼く小さな蝶の大群に囲まれながら、ニコニコと私が微笑《ほほえ》んでいる夢を見たというものでした。

中野さんの夢に私が出たのか、私の夢に中野さんが出たのか。いずれにしても同じ瞬間に、別の方と夢を共有することがあるようです。

人はなぜ夢を見るのか。科学的に完全な解明はできていないそうです。

そんな夢に関する不思議なお話を、ある方からＳＮＳを通じてお聞きしました。

「私がいつもボランティアでお手伝いをしている大橋さんという目の不自由な方がおられます。

この方が、ある時、三木大雲さんが夢に出て来たと仰ったんです。普段からユーチューブなどで三木さんの存在は知っておられたのですが、三木さんの見た目については お話ししたことがなかったので、夢の中の三木大雲さんはどんな姿をされていたのかを聞いてみました。

大橋さんはすらすらと答えます。丸坊主で、黒い和服のような着物に白い襷《たすき》、眼鏡を掛けていたと、まるで本当に目にしたかのように、細部まで説明されたのです」

黒い和服というのは、私が普段着ている道服というお坊さんの服で、白い襷というのは、日蓮宗で身につける輪袈裟《わげさ》という袈裟のことだと思います。

ここまでは、もしかするとお坊さんのイメージとしてあるかもしれませんが、眼鏡を掛けているということまでは、分からないはずですから不思議な夢です。

そんなやりとりをこの方としていますと、実は、この目の不自由な大橋さんが、何度も見る夢があると仰るのです。その内容を要約して教えて下さいました。

その夢で大橋さんは、フリーマーケットなのか、手作り市のような所を歩いているのだそうです。

夢の中の大橋さんは、目が見えているようで、白杖《はくじょう》（目の不自由な方がお持ちになられている白い杖）も何も持っていません。

フリーマーケットの中を歩いていると、色々な人が「〇〇買いませんか」と店先で呼び込みをされています。

そんな中、ベレー帽を被って、絵を描いている人がいたそうです。その方と目が合うと、「よかったらこの絵を買ってもらえませんか」と言われたので、大橋さんが、「じゃあ、その絵を見せて下さい」と近くまで行こうとすると、そこで夢から覚めてしまうのだそうです。

定期的に繰り返し、この夢を見るそうなんですが、いつも同じ所で目が覚めてしまう。大橋さんは、一体、自分にどんな絵を売りたいのか、それが非常に気になると、夢を見るたびに仰っていたそうです。

そんなある日のこと、朝に大橋さん宅を訪れたボランティアの方を嬉しそうな大橋さんが待ち構えていました。

「待ってたよ。あの夢をまた見て、とうとうあの絵が買えたよ」

このボランティアの方も、どんな絵で、値段はいくらくらいだったのかなど、気になっておられたので、早速夢のお話を聞かせていただきました。

いつものように、フリーマーケットを歩いていると、ベレー帽の画家さんが「よかったらこの絵を買ってもらえませんか」と話しかけて来た。「じゃあ、見せて下さい」と絵に近づいた。ここまではいつもと同じ。しかし今回は、ベレー帽をかぶった男性の方が、「こんな絵なんですけどね」と言って絵を見せてくださったのです。

「ありがとうございます。これならぜひ買いたいです」

大橋さんは、三千円を出してその絵を買いました。そこで目が覚めたそうです。

ボランティアの方が「肝心のその絵には、何が描いてあったんですか。人物画ですか。風景画ですか」と尋ねると、大橋さんは残念そうにうつむきます。

「たしかに絵は買った。その絵を見てなぜか涙が出た。たぶん感動したのだろうけど……どんな絵だったかは全く覚えてないんだ」

夢というものは、得てしてこういうことがありますから、覚えていないのは仕方ない。二人で、残念だなあと話しているうちに、大橋さんが、あの夢はいつもリアルなので、本当に夢の中で見た場所があるのではないかという話になったそうです。

「申し訳ないけど、ちょっと手作り市とか、いわゆるフリーマーケットのような所に連れて行ってくれませんか」

夢で見た場所が現実にあるわけはないと思いながらも、近くでそういう場所がないか調べたところ、その次の日に開かれるフリーマーケットがあったのです。単なる偶然かもしれませんが、不思議な高揚感に包まれたとボランティアの方は仰います。

明くる日、二人は、焦る気持ちを抑えつつ、そのフリーマーケットに向かいました。

天気が良かったせいもあったのか、普段からこんな感じなのか、大勢の人で大変な賑わいです。

大橋さんの手を引きながら歩いていると、突然、大橋さんが立ち止まりました。

クンクンと鼻を利かして、

「あれ？　この匂いは……」

フリーマーケットでは、食べ物も沢山売られていました。食べ物の匂いがしますかと、近くで匂いのしそうな物をいくつか伝えました。

「ケーキ、焼きたてのパン、クッキー、ああ、ラーメン屋さんもありますよ」

すると大橋さんは、急に涙を流しながら、こう仰ったそうです。

「食べ物ではないんです。犬の匂いがするんです」

涙を流しておられる意味は分かりません。それに近くを見渡しても、犬はいない。少し戸惑うボランティアの方に、大橋さんは、涙声で続けます。

「いや、間違いありません、これはラッキーの匂いだ」

ラッキーというのは、大橋さんが以前、盲導犬として一緒に暮らしていた犬の名前です。ラッキーは数年前に亡くなって、大きな喪失感を抱えた大橋さんは次の盲導犬を飼うのが辛くて、その後はボランティアの方がお手伝いをされるようになったのです。ともかく、ラッキーの匂いがするはずがない。

「大橋さん、大変悲しいけれど、ラッキーはもうこの世にいないんですよ。だからラッキーの匂いがするはずないですよ」

「間違いなく近くにラッキーがいる。ラッキーの匂いがするんです」

大橋さんはまったく譲りません。

大橋さんが少し興奮されていたので、このままではいけないと思って、ボランティアの方は人混みを抜けて、落ち着ける場所まで大橋さんを誘導されたそうなんです。

混み合う道を避けて、横道に入ったまさにそこに、なんとベレー帽を被り、絵を描いている人が立っていたのです。

大橋さんの手を引きながらも、その絵を描いている方が気になって見ていると、その方と目が合いました。

「もしよかったら、私の絵を買っていただけませんか」

その画家の方は一枚の絵を持ってこちらに近付いて来ます。まるで大橋さんが見た夢のようだ——。すると、大橋さんが声を上げました。

「夢の中で聞いた、あの画家の方の声だ」

さらに興奮する大橋さんをなだめながら、画家の方に近づいて、その絵を見せてもらうと……、

「これは！」

ボランティアの方は、大橋さん以上に興奮していました。

「こ、この絵は、いつ、どこでお描きになったんですか」

「ある方が、犬を連れて歩いておられたのですが、その光景がなぜか頭に焼き付いて忘れられず、この絵を描いたんです」

その絵に描かれていたのは、紛れもなく盲導犬のラッキーだったのです。首輪に小さく、しかしはっきりと「ラッキー」と名前が書いてあったのが何よりの証拠です。

これはラッキーが生きていた時に大橋さんと歩いている様子を、この画家の方が見かけて描いて下さったに違いありません。

そんな会話を画家の方とされている時、再び大橋さんが言いました。

「ラッキーの匂いがする」

ボランティアの方は、大橋さんには絵の内容を、画家の方には大橋さんの夢の内容を伝えました。

すると、画家の方も大変興奮した様子で、こう答えられたそうです。

「実は私も、犬の持ち主の方が見つかればこの絵をお渡ししたいなと思っていたんですよ。そしてさきほど、この方だと感じたんです」

ラッキーの絵を前にして、いつしか三人とも涙を流していました。

「いくらでも良いのでこの絵を売って下さい」

大橋さんが懇願されると、

「それでは、夢の中の私が言ったとおり、三千円でどうですか」

画家の方の心遣いに感謝しながら、夢にまで見た絵は大橋さんの元にやって来たのです。

実は……、不思議な話はこれで終わりではないんです。その絵を持って帰られてからの話です。

大橋さんは今まで、ボランティアの方か盲導犬がいないと、なかなか一人で遠くへ出かけることが出来なかったそうです。と言いますのも、白杖だけを頼りにして知らない道を歩くのは、大変難しいことです。私も白杖を使って歩行する体験をさせていただいたことがありますが、自分の身長にあった杖を選び、地面を叩く音を見極めて、自分の行き先を感知しなければなりません。これは本当に難しく、そして先が見えない恐ろしいものです。

大橋さんも、白杖を全く使えないわけではないそうですが、一人で遠くまで行くのは不安があったようです。

しかし、あの絵を家に持ち帰られてから、急に白杖を持って、一人で出掛けてみたいと仰るようになったそうです。

突然コツを摑まれたのかと思うくらい、スタスタと歩かれるので、ボランティアの方も驚いて、どうして急に上手くなられたのかを尋ねると、

「あの絵が来て以来、ラッキーが一緒にいてくれるんです」

と答えられたそうです。ラッキーの存在を感じるだけではなく、ラッキーが本当

に寄り添ってくれているように、危ない所があると、膝のあたりにトントンと当たってくれるそうなんです。

「きっと誰にも信じてもらえないかもしれませんが、あの日以来、目には見えないけれどもラッキーが戻ってきてくれたんです」

その後も、大橋さんが、ラッキーとともにお過ごしなのかが気になって、ボランティアの方を通してお話をお伺いしました。すると、驚くような答えが返って来たのです。

「大橋さんのところには、もうラッキーはいなくなりました」

ラッキーはなぜいなくなってしまったのか。大橋さんが頑張って白杖をお使いになるようになったことと繋がっていたのです。

あの絵を飾ってからは、ボランティアの方でも感じるくらいに、犬の匂いがしたり、時には熱を感じたりしたそうです。

ただボランティアの方が、大橋さんに「良かったですね。もうラッキーと離ればなれになることはないですね」と声を掛けても、当の大橋さんは、軽く頷かれるだけでした。何かを決意したかのように、毎日、白杖を持っては遠くまで歩いて行かれ、今では一人で、県外にも行けるようになられたそうです。

そしてある日、ラッキーの眠る動物霊園に行かれるというので、ボランティアの方も同行することになりました。

霊園に着くと、大橋さんはラッキーに向けてこう仰ったそうです。

「ラッキー、一緒にいさせてごめんね。一人で杖を突いてどこへでも行けるようになったよ。私のことは心配せずに、私が行くまでそちらでゆっくりと休んでね」

実は大橋さんはラッキーの存在を感じて、最初こそ嬉しかったものの、次第に心苦しく感じるようになられました。ラッキーが霊としてやってきてくれたのは、私のことが心配だからだと思う。死んだ後までラッキーに心配を掛けるわけにはいかない……。だから、必死に白杖の練習をされたのでした。

ラッキーは、きっと安心したのでしょう、その後、大橋さんがその存在を感じることはなくなったそうです。

人間が生きていると必ず体験する苦しみが、八個あるとされます。これを仏教では、「八苦《はっく》」と呼びます。

その中の一つに「愛別離苦《あいべつりく》」という苦しみがあります。この意味は、その字の通り、愛する者と離ればなれに別れてしまう苦しみです。これは、命ある者同士はもちろん、大切にしていた人形や物にも言えることだと思います。

大橋さんのように、共に生活をして来た、愛するラッキーとの別れはまさにこの苦しみです。

しかし、大橋さんの強さは、再会出来たラッキーと、あえて別れる努力をされたことだと思います。

ラッキーは、大橋さんにとって、家族であることはもちろん、時には兄弟、時には親子、時には親友だったのだと思います。

その掛け替えのないラッキーと、再び会えたのに、あえて離れる選択をされたのには、いくつかの理由があると思うのです。

一つは、ラッキーに心配を掛けたくなかったからでしょう。もう一つは、ラッキーがいなくなっても、その魂は、決して無になったのではなく、離れた世界に行っただけだと、そのことを理解されたからではないか、と私は思うのです。

また会える――。そのことを悟られたからではないでしょうか。

もし今、愛する人との別れに苦しまれている方がおられましたら、いつか再会するその日まで、その苦しみを受けとめて、精一杯の努力をしながら生きる力に変えてください。

迷子センター

私は幼い頃、よく迷子になりました。変わった髪型の人がいればずっと見つめてしまい、可愛い犬を見かければ付いて行き……気付けば自分がどこにいるのか分からなくなり、そのまま迷子になっていました。

それでも懲りずに迷子になっていたのは、迷子になっても誰か大人が助けてくれると信じ切っていたからかもしれません。もし一度でも迷子になって恐怖を感じるような体験をしていれば、気を付けるようになったのではないかと思います。

さて、今回は、由香里さんという女性が経験された迷子についてのお話です。


これは、今から二十数年前、私が小学一年生の頃のことです。

子供の頃ということもあり、記憶が詳細ではないのですが、私はとある施設の迷子センターにいました。

恐らく両親と一緒に、ショッピングモールか遊園地か何かに来ていたのだと思います。

そこで私は迷子になりました。引っ込み思案で、あまり活発な性格ではなかった私は、お出掛け先では必ずといって良いほど、両親どちらかの手をしっかりと握っている子供でした。ですので、それまで迷子になったという記憶は全く無く、この時が初めての経験でした。

この迷子センターは、とても薄暗く、壁は黒ずんだコンクリートで、あまり大きな部屋ではありませんでした。

窓は一つもなく、ただ長方形に開いている扉が、外の光で白く見えていました。今思えば、まだ陽の高い時間だったのだと思います。

そんな部屋の中には、数人の係員の男性がいました。事務机が一つあり、その上にはダイヤル式の黒い電話が置いてありました。机の前の椅子には、猫背姿の男性が座り、電話が鳴るのを待っているかのように、黙って電話を見つめていました。

それ以外の男性は、皆、ガードマンのような帽子をかぶり、ねずみ色の作業服を着て、足を肩幅に開き、手を後ろに組んで、何も言わずに扉の方に向かって立っていました。

私は、子供用の小さなパイプ椅子に座って、両親が迎えに来てくれるのを待っていました。

部屋の中はとても静かで、目をつむれば、自分以外誰もいないのではないかと思えるほど、物音一つしません。

私は孤独と不安で、泣き出したい気持ちでいました。それでも泣かなかったのは、いや、泣けなかったのは、あまりに部屋が静かで、声を出して泣くと、何か予期せぬことが起こるのではないかという恐怖を感じていたからです。

私は心の中で、もしかするとお母さんもお父さんも迎えに来てくれないのではないか、と心配でなりませんでした。このまま夜になったら、私はどこかに連れて行かれるのではないか……。そう思った瞬間、一番近くにいた大柄な男性が、私の方にくるりと向きを変え、目の前まで来るとゆっくり跪きました。

男性は、目深に帽子を被っているので、どんな顔をしているのか見ることが出来ません。ですので、男性が優しい微笑みを浮かべているのか、怒りの表情なのかも知ることが出来ませんでした。もしかすると優しい言葉を掛けてくれるのかもという期待感も少しはありましたが、それはあっさりと裏切られました。

「お父さん、お母さん、来てくれると思う？」

どこか意地悪な男性の質問に、私は声を出せずに、小さく頷くだけでした。

「ああそう、来てくれると思ってるんだ」

男性は立ち上がって、私を見下ろしながら、低く籠った声で私に言いました。

「でも、これだけ時間経っても来ないんだから、きっともう迎えになんて来ないと思うよ」

それを聞いていた他の係員の男性達は、クスクスと小さな声で笑っています。

私は不安で、悲しくて、一刻も早くこの部屋から出たいと強く思いました。

その時です。部屋の入り口の辺りで、女性の声が聞こえてきました。

「すみません。お母さんが迎えに来てくれた！

ああ、お母さんが迎えに来てくれた！

「あなたは誰ですか」

男性の低い声には、怒りが籠もっているように感じました。

「私は由香里の母です」

お母さんは「よかった、由香里。ここにいたのね」と言いながら、私の手首をしっかりと握ると、その薄暗い部屋から外へと連れ出してくれました。

薄暗い部屋から外に出た私は、嬉しくて、手首を握ってくれているお母さんの顔を見ました。そこで初めて気が付きました。手を引く女性は、見ず知らずのおばさんだったのです。

一瞬、どうしようと思いましたが、またあの薄暗い迷子センターに戻されるよりは、このままこの女性に付いて行く方がましだと思い直して、そのまま付いて行くことにしました。

「絶対後ろを振り返ってはいけない」と女性にきつい口調で言われました。そして、そのまま軽トラックのような乗り物に乗せられました。

女性は運転席に座って、右手だけでハンドルを握ると、私の左手首を掴んだまま何も言わずに車を発進させました。

どこに向かうのかを聞きたかったのですが、女性の顔を見た途端、何も聞けなくなりました。私の左手首を強く掴んだままの女性の顔は、まるで怒っているかのような形相をしていたからです。

この人は、悪い人だ――。私はそう確信しました。

車内では何も会話を交わさないまま、どのくらい走ったのか分かりませんが、やがて車がガタガタと揺れ出しました。

どうやら舗装道路を抜けて、砂利道に入ったようでした。それからほどなくして、車は停まったのです。

女性は、車のエンジンを止めると、険しい表情で私に、「由香里ちゃん、いい？降りるよ」と言いました。何か大きな決意をしたようで、鬼気迫るものがありました。

女性は運転席から降りて、すぐに助手席の扉を開けて、私を降ろすと、再び私の左手首を強く握りました。

そのまま砂利道を少し進むと、小高い山のようになった所が見えてきました。その山の中に入ると、そこはジャングルのように、木々が生い茂っています。その中を迷うことなく、女性は私の手を引いてさらに進んで行きます。

すると突然、野原のような開けた場所に出ました。そこには綺麗な色とりどりの花が一面に咲き乱れていました。

恐怖のただ中にいた私でしたが、思わず「きれい……」と声が出そうになるほど、素晴らしい景色でした。

しかし、そこでも女性は「行くよ」と言うと、私の腕を引っ張りながら、先を急ぎます。腕がとても痛かったのですが、文句一つ言えませんでした。

やがて、見渡すばかりの平原の中、向こうに一人の人影が見えました。

進むにつれ、その人影が近づいて来ました。どうやら初老の男性のようです。

あの男の人に助けてもらおう。この人、悪い人です。助けてくださいと叫ぼう。そう心に決めました。女性に感づかれないようにしなければ。

私の声が届きそうな場所まで男性が来た瞬間、女性は私の腕を強く引きつけて「喋るなよ」と低声で耳打ちしてきました。

私は恐怖のあまり声を出すことが出来ず、男性は、どこかに姿を消してしまいました。

助かるための唯一のチャンスを逃がしてしまった……。後悔しましたが、こうなってしまってはこの女性に付いていくしか術がありません。

それからどのくらい歩いたのか、目の前に大きな川が出現しました。

その川の前まで来ると、突然、私は女性に川の中へと放り投げられたのです。

倒れそうになりながらも、なんとか体勢を立て直し、川の中に立ちました。川の水は、私の膝くらいまであります。

何が起こったのか、川の中に呆然と立ち尽くす私に向かって、女性は大声で脅しつけてきます。

「早く向こうへ行け！　こっちへ来たら、今度こそどこかに連れて行ってしまうぞ！」

あとはもう無我夢中でした。川を渡りきったところで振り返ると、向こう岸にはまだあの女性が立って、こちらを睨んでいます。

いまにも女性が追いかけて来そうで怖くなった私は、川から離れて走り続けました。ただひたすら、気が遠くなるほど走って、走って……。

気が付くと、私は、病院のベッドの上で寝かされていました。

「由香里！」

私を呼ぶのは、今度こそ本物のお母さんでした。

交通事故に遭った私は、病院に運ばれ、危険な状態が続いていたと、聞かされました。

迷子センターにいたと思っていた私は、どうやら死後の世界にいたようなのです。まさに生死の境を彷徨《さまよ》っていた。こんな話、信じてもらえませんよね。

話し終えると、由香里さんは、恥ずかしそうに顔を真っ赤にして俯《うつむ》かれました。たしかに自分で経験したけれど、子供の空想のような気もする。そう思われたのかもしれません。

由香里さんが渡った川は、「三途《さんず》の川」でしょう。あの世とこの世の境目にあるとされています。死後、三途の川を見るという話は、色々な文献に出て来ます。そして、臨死体験をされた方々も、やはり三途の川を見たとお話しになります。恐らく、由香里さんのご覧になられた世界は、三途の川の向こう側、つまり死後の世界と考えてよいでしょう。

迷子センターで由香里さんは待たされていました。この意味するところは、事故の後、由香里さんがあの世とこの世の間におられて、死ぬか生かすか、一種の判決のようなものを待たされていたのかもしれません。

ご結婚された由香里さんは、お子さんを授かられ、その子が小学一年生になられた時に、この話をされたそうです。するとお子さんからこう言われたと仰いました。

「お母さんのうでをつかんでた女の人は、こわいかおしてるけど、いい人だね」

いま振り返れば、あの怖かった表情は、まだ死んではいけないと、私を生き返らせるための必死の形相だったのかもしれない。もしかすると、ご先祖様が、私を懸命にこの世に戻してくださったのかもしれない――。

そう思うようになった由香里さんは、時間があれば、ご先祖様のお墓にお参りされるようになったそうです。

「死んでます？」

不思議な体験をしたという方々から、色々とお話を聞かせていただいておりますと、怪異体験をされる場所に、一種の偏りのようなものがあることを感じます。

たとえば、当たり前に思われるかもしれませんが、病院やトンネルなどの心霊スポットや、廃屋、廃村などで怪異に遭遇することが多いように思います。もちろんこれは、そう言った場所で必ず霊的現象が多く起きるということの証明にはなりません。

と言いますのも、廃屋や廃村は、人気のなさや、崩れかけた家屋に、死という観念を持ちやすく、自然現象に対して恐怖を感じ、心霊現象と結びつけてしまうことがあるからです。

次に多いのは、山です。山での不思議な体験は数多くお聞きしております。もちろん、山という場所も、暗闇があったり、木々の揺れる音や動物の気配などを勘違いして、心霊現象だと決めつけやすい色々な要素があるように思います。

さて今回は、ある山で起きた怪奇現象のお話です。しかも、この山はただの山ではなく、心霊スポットとしても有名な場所なのです。

この場所は、地元では登山をする人の多い山ですが、年間数名の行方不明者が出ていました。そして、夜遅くに訪れると「おーい、ここにいるよー」という声が、どこからともなく聞こえて来る……という噂がありました。

「実は、僕は行きたくなかったんですが、僕しかいなくて……」

そうお話しくださったのは、大学生のAさん。仲の良い男だけ四人のグループでこの山に行くことになりました。気が進まないAさんが加わることになったのは、四人の中で唯一、車の免許を持っていたからです。


最初に誘われた時には、かなり迷ったんです。もともと怪談話やホラー映画などが怖くて苦手なんです。

それでもこの山に行こうと友達が言い出した時には、怖がっていると思われるのが何となく恥ずかしくて、行くことにしました。

家を出発したのは、深夜一時を過ぎた頃でした。父親の軽自動車を借りて、僕が運転して出発しました。

目的の登山口までは、曲がりくねった山道を暫《しばら》く走らなくては行けません。街灯の少ない山道は、これから向かう心霊スポットへの入り口のように感じられました。

それに、長年父親が乗って年季の入った軽自動車に、男性四人が乗り、おまけに傾斜のきつい山道とあっては、アクセル全開でも、さほどのスピードは出ません。街灯の明かりが車内に差し込んでから、次の街灯までの時間がやけにゆっくりと感じられて、これも僕の恐怖心を増幅させていきました。

怖がっていることを友人達に悟られないように、車の中では、あえてアップテンポな音楽を掛けていました。

ところが、友人の一人が「せっかく心霊スポットに行くのだから、怪談話をしながら恐怖度最高潮で行こう」などと言い出したのです。

こいつ、何言ってんだ！　今すぐにでも引き返したい衝動に駆られましたが、場の雰囲気を壊したくはない。僕は友人のする怪談話を出来るだけ聞かないように集中して、他のことを考えながら目的地へと向かいました。

それからしばらくして、ようやく目的の山へと到着しました。山には駐車場があり、そこに車を停めました。駐車場には、古びた街灯が一つだけポツンと立っており、その下だけが照らされて、不気味さを醸《かも》し出していました。

それを見た友人達もさすがに怖くなったのか、駐車場から登山口まで、車で行こうと言い出したのです。

駐車場から山の入り口まで、一本の道があるようです。ただ、舗装されていない、まさに山道が延びていました。

仕方なく僕は車をその道に進めました。舗装がなくなった砂利道に入ると、巻き上げた砂利が車に当たって、カンカンという音が車内に響きました。

ある程度進むと、乗用車が一台だけしか通れないほどの細い道になってきました。それでも行けるところまで行こうと、更に車で進みました。

しかし、砂利道も途中で、大きな石や岩のような物も出て来て、車ではさすがに此処までと言う限界まで来たのです。

さすがに車はここまでだな。友人達も「ここからは歩いて進もう」と言うので、車を降りることにしました。

僕は車のエンジンを止めました。そして、驚いたのです。「山の静けさ」に。街中で暮らしている僕たちは、普段こんなに静かな環境に立ったことがありません。友人の一人が、かなり明るいLEDライトを持って来ており、辺りを照らしましたが、そんなものでは静けさをかき消すことは出来ませんでした。静かすぎてうるさいというか、静けさに押しつぶされそうというか、とにかく僕は怖くて帰りたい気持ちでいっぱいでした。どうしようかと考えた結果、友人達にこう言いました。

「俺、車の中で待ってることにする」

「なんで」

「それは……もしも対向車が来たら車を動かさないといけないだろ」

「いや、こんな道の向こうから、対向車は来ないでしょ。それにこんな遅い時間に。もしかして怖いのか」

図星でしたが、もう格好つける余裕はありません。他の友人が、「いや、車の中とはいっても、一人で待つ方が怖いよ」と助け舟を出してくれました。たしかに一人になるのはリスクがありますが、先に進むよりもましかと、車に残ることにしました。友人三人は、僕を残して行くことになりました。

車のヘッドライトが遠くまで照らしているのに、三人の姿は、すぐに見えなくなりました。

車に残った僕は、まず音楽を掛け、ルームライトもヘッドライトも付けた状態で、車のロックも掛けました。さらに携帯電話で、お笑い芸人の動画でも見ようとしたその時、携帯電話が圏外になっていることに気が付きました。

それだけで僕は孤島に取り残された感覚になり、早く友人達が帰って来てくれることを願いました。

相当時間が経ったはずと車の時計を見ると、皆と別れてからまだ数分しか経っていません。嫌な時間は長く感じられると言いますが、この時の僕は、まさに嫌な時間の渦中で一人ぼっちでした。

まだ帰って来ないかと、時折、車の外を見るのですが、車のヘッドライトが届く範囲以外は暗闇に包まれたままでした。

何度も外を確認しながら待っていたその時、微《かす》かにヘッドライトの照らす先が揺れたように見えました。恐怖心を押し殺しながら目を凝らすと、どうやら人影です。ああ、やっと帰って来てくれたか。ほっと一息ついて、その人影を眺めていると、ヘッドライトの光の中へと入ってきました。そこに照らし出されたのは、友達ではなく、一人の年輩の男性でした。

「しまった、車で掛けている音楽が外にも聞こえて、それを注意しに来たのかもしれない」

僕は慌てて音楽を止めました。

その男性は、車の方へゆっくりと近付いて来ます。運転席の窓の横まで来たので、僕は少し窓を開け、こちらから声を掛けました。

「すみません。ご迷惑でしたか」

男性は、眉間に皺を作りながら、口を尖らせます。

「こんな時間に、こんな所に車を停めてもらったら困るなあ。人や他の車も通ったりするから困るなあ」

反論の余地などありません。注意をされたわけですが、僕は久しぶりに人と話が出来たような感覚で、むしろ嬉しく感じました。

「すみません。それでは下の駐車場まで車を下げます」

「ここで何をしてるの」

「友人が山に入ってまして……」

「こんな時間に入ると駄目なのに」

「すみません。恐らく、あと十分くらいで戻ってくると思います」

「そう。それなら、十分くらいしたらまた上がってきなさい。それまで下の駐車場に停めておいてよ」

男性は車から離れていきました。

僕はバックでゆっくりと駐車場まで戻り、十分ほどしてから再び登山口まで戻りました。友人達はまだ戻ってきていません。

遅いなあ、何かあったのかなあ……。心配しながら待っていると、再び男性が近付いて来ます。運転席の窓を開けて、声を掛けようとしたその時、はっとしました。さきほどの人とは別人だったのです。

こんな深夜、こんな山奥に、一体何人いるんだ？

目の前の男性は、さきほどの人よりは若そうで、緑色のリュックを背負ったいかにも登山者といった身なり。登山で有名な山らしいし、ひょっとしたら登山客でごった返しているのかもしれないな。

自分なりに納得して、一応、この人にも車を停めている理由を説明しようと思った矢先、男性の方から声を掛けられました。

「すみません。今、大丈夫ですか」

「あの、今、大丈夫ですか」


「あの、今、大丈夫ですか。実は友達が山から降りてくるのを待ってまして、もう来ると思うんですが……」

「あの、一つ教えていただきたいのですが……私って、もう死んでますよね」

は？　死んでますよね？　僕の言葉を遮ってまで男性が聞いてきたのは、実におかしなことでした。

「えっ、生きておられますよ」

僕は反射的に答えましたが、男性は、納得がいかないのか、首を少し傾げています。

「いや、さっき自分の体だけが沢の所に倒れていたんですよ。だから……私、恐らく死んだんですよね。だとしたら、家族と喧嘩なんかしなければ良かったなあ」

それだけ言うと、男性は山の方へと消えていきました。

その男性とほぼ入れ違いに、友人達が小走りで車に向かって来るのが見えました。

「遅かったなあ、今さ、男の人が来てさ……」

「とにかく急いで携帯の電波が入るところまで動いてくれ‼」

無視すんなよ、と言いたいところでしたが、友人達があまりに切羽詰まった様子なので、僕は急いで車をバックさせ、電波の届くところまで走らせました。

友人の一人が、電波を拾えた携帯で、すぐに電話をかけ始めました。

「もしもし、警察ですか。〇〇山の沢の所で人が倒れていて、恐らく息をしていないようなんです」

通報を終えてから、友人達に詳しい話を聞きました。

真っ暗な中をライトの明かりだけを頼りに、登山口から数分登った。すると、川が流れるような音がしたので、川の方を照らすと、沢の所に緑色のリュックが見える。近くまで行って確かめると、男性が倒れていた──。背丈や体つきなど特徴を聞くと、それはまさに、僕がさっき会話した中年の男性に違いありません。

──死んでますよね。

男性の言葉が蘇りました。

数日後、警察から連絡が来ました。沢に倒れていた男性は、登山に行って行方不明となり、数日前にご家族から捜索願が出されていました。恐らく山道から足を滑らし、沢で力尽きたのではないか、との説明でした。

そして、ご遺族の方が、僕たちにお礼を伝えたいと仰っておられるとのことでした。お焼香もさせて欲しいと思ったので、ご自宅へと行かせていただくことにしました。

祭壇に飾られた写真には、あの時の男性の顔がありました。

不謹慎かもしれないと思いつつも、僕は男性と会話をしたことをお話ししました。

そして、男性が遺した言葉もお伝えしました。「家族と喧嘩なんかしなければ良かったなあ」と。

するとご家族の方が話してくださいました。男性は登山が好きで、よく一人で行っていたそうです。しかしこのところ、年齢のせいか、怪我をして帰って来たり、動けなくなって救助を頼むこともあったりで、他人に迷惑が掛かるから、もう登山に行かないようにと、注意されていたそうです。

しかし、それでも行くというので、家族の方と口論になり、そのまま家を出た結果、それが最後に交わした言葉になってしまったそうです。

これは僕の勝手な想像ですが、男性は、喧嘩が家族との最後の会話になってしまったことを悔いておられたのではないでしょうか。

それから数日後、今度は明るい時間に僕たちは再びあの山に行きました。

そして、あの男性が倒れていた場所に、お線香を立てました。

お参りを終えた帰り道、この日は、下の駐車場に車を置いていたので、前回車で通り過ぎた道をゆっくりと降りていました。

ふと一本の大木に目がいきました。ナイロン袋が結び付けてあり、袋の中には、古くなって色褪《いろあ》せた一枚の紙が入っていました。

「探しています」

一見して尋ね人だと分かりました。この山では、年間数名の行方不明者がいることを思い出します。

紙には、行方不明の方の情報が書かれていました。身長、中肉中背、当時着ていた服装。「普段から山が大好きで、山で暮らしたいと言っていた」。

文字の下に貼られた写真を見て、ぞっとしました。写真は、僕が車に乗っていた時に、最初に声を掛けてきた男性だったのです。

写真の下に添えられた日付から、間もなく七年。あの男性は、今も大好きだった山で暮らしているのだと思います。

昔から、山には神様や魑魅《ちみ》魍魎《もうりょう》、山童など、人間とは違う生き物、存在が住んでおり、丑三《うしみ》つ時《どき》（午前二時頃）になる

と里に降りてくるとされています。

夜の山が怖いと感じるのは、それを知る人間の本能なのかもしれません。ですから私たち人間は、山を畏怖する気持ちを忘れてはならない。私はそう思うのです。

第三章

忌

死者が出た家では、玄関先に「忌」という紙を貼る風習があります。これは、忌《い》み嫌うという意味です。

神道の世界では、死を穢《けが》れとして扱います。ですので、忌が明けるまで、即ち穢れが無くなるまでは、神社への参拝を禁止されます。そして、この家は死者が出たので、穢れがあるということを周りの方にも知らせるために、この紙を貼ります。ほかにも、お葬式の帰りに、お塩を踏んだり、自分に掛けたりするのも、死の穢れを払い落とすという意味で行います。

以上は神道の考え方ですが、仏教では死を自然の一部と考えます。死を忌みと捉えることはありません。お葬式の際、玄関には「喪中《もちゅう》」と貼ることがあります。喪中とは、喪に服す期間のことで、遺族の方々は、故人の冥福を祈ります。四十九日が経って喪が明けると、普通の生活に戻ります。

もっとも、仏教においても「忌」は穢れを意味します。「己の心」と書くように、仏教で穢れといえば、自分の心の中にあると考えます。

仏教と神道では、死に対する考え方の違いはありますが、忌み嫌うという「忌」の文字については、近い見解になるのかもしれません。

忌中、喪中とは、故人の冥福を祈るとともに、亡くなられた方に恥じないような生き方、考え方、心の有り方を見直す時間なのかもしれません。

踏みつける足

お寺にある青年がお参りに来られました。

大変礼儀正しく、ピンと伸びた背筋、ハキハキとした受け答えに、私は芯のある青年だなという印象を受けました。

この青年は、地元の北海道の高校を卒業後、京都のある会社に就職されました。この会社には社員寮があり、初めての一人暮らしも苦にならなかったそうです。仕事にもすぐに慣れて、上司に可愛がられ、同僚からも好かれ、沢山の友達が出来たそうです。

何分かお話をさせていただいていると、この方が大変柔和で、ほどよい正義感と責任感を備え、面倒見の良い、他人から慕われる方であることを窺《うかが》い知ることが出来ました。

そんな彼が、蓮久寺に来られたのには、一つの理由がありました。

お話は、ある暑い夏の日に行われた、社員寮の部屋替えの時に始まります。

会社の社員寮は、三階建てです。私は最初、一階に住んでいたのですが、三階に住んでいた上司が引っ越ししたので、今の部屋より少し広いその部屋に、引っ越しすることになりました。

その部屋の利点は、一階の部屋に比べて広いというだけでなく、ベランダが付いていることでした。夏の夜、ベランダの窓を開けておくと、自然の風が入り心地よいだろうなあと、実は一階に住んでいる時から、羨ましく思っていたんです。

念願叶って引っ越したその日の夜、部屋の窓を全開にして寝ました。

一階の部屋は茹《ゆ》だるような暑さでしたが、それに比べて涼しい風が部屋にまで入って来て、心地よく体に吹き付けます。思った通りの快適さでした。

この部屋に引っ越す時に、敷き布団を今はやりの低反発寝具に替えており、その効果もあって、私はすぐに深い眠りに入りました。

次の日の朝、あんなに気持ちよく眠りについたにもかかわらず、いつもより、体に疲労感が残っていました。おそらく、環境の変化によるものかなと、その時は気にしなかったんです。

その日、仕事が終わる頃、私の疲労感は、今までに感じたことのないほどに酷いものでした。特に胃の辺りがヒリヒリするように痛み、吐き気までしていました。

その様子を見た上司から、今日はもう上がっていいから、すぐ部屋に戻って休むように、と言われ、少し早く仕事を切り上げて帰らせてもらいました。

病院で診察を受けて、部屋に戻った私は、夕食も摂らずに、すぐに布団を敷いて横になりました。疲れ切った体をベランダから吹く風が、優しく包んでくれています。

どのくらいの時間が経ったのか、突然、息が苦しくなり、思わず起き上がろうとした時、私の目にあり得ないものが飛び込んできたのです。

それは、知らない人の足でした。その足は、寝ている私の腹部を今にも踏みつけようとしており、避けようとしたのですが、体が全く動かないのです。

今までの人生で、死の危険をこれほど感じたことはありませんでした。どうしよう、このままでは危ない。そう心の中で叫ぶばかりで、一向に体は動きません。

その時、空中に浮いた足が、ものすごい勢いで、私の腹部めがけて降りてきました。

一瞬、腹に力を込めましたが、ふり降ろされた足は、私の腹部を通りすぎて、背中に抜けたように感じました。いや、感じたというより、間違いなく通り過ぎたんです。

そしてその直後、体は自由に動くようになっていました。すぐに布団から横に転がり出ました。

足が私の腹部を間違いなく通り過ぎたといったのは、布団の横に転がった私が、低反発の敷き布団を見ると、腹部のあたりが、人間の足の形にはっきりと凹《へこ》んでいたからです。

私は、慌てて上体を起こし、部屋中を見回しました。すると、ベランダに人影が揺れています。

ゆらゆらとした人影は、やがてはっきりした形になりました。それはまさしく甲冑姿の武士だったんです。

驚きのあまり声も出せずに凝視していると、すうーっと消えていきました。

その晩、私は部屋中の電気を点けて、明け方まで布団に横になれずに過ごしました。

ただ、緊張して寝ることが出来なかったにもかかわらず、朝、私の体調はとても良く、昨日の腹痛は何だったのかと不思議に感じるほどでした。

その日の仕事は、昨日の早退分を取り返すように、順調に進みました。この時点では、病院の薬が効いたのだと思っていました。

仕事を気持ちよく終えて、部屋に戻ると、昨夜の出来事を思い出してしまいます。しかしあれは、疲れて体調が悪かったので、錯覚だったのだろうと、無理に自分に言い聞かせようとしました。

夕食を済ませ、シャワーを浴び、缶ビールを二本一気に飲んで、いつもより早く布団に入って寝ることにしました。

ベランダが少し気になりましたが、この日も熱帯夜というにふさわしい暑さだったため、窓を開けたままで床に就きました。

昨夜のことは、気のせいだと思いながらも、正直なところ、目を開けるとまたあの足があるような気がして、心の隅では不可解な現象に対する恐怖があったのだと思います。しかし、その日は、何事もなく朝を迎えることが出来ました。やはり気のせいだったのかもしれない。おまけにすこぶる体調が良い。やっぱり錯覚かと安心しました。

しかし人間は、調子の良い時ほど、気を付けなければいけないものなのかもしれません。

気分も体調も良かった私は、商品が入った段ボールをいつもより多めに持ち上げて、そのまま階段を降りようとしました。

その時、前が見えにくかったこともあり、階段から足を踏み外してしまったのです。段ボールに入っていた商品は無事だったのですが、私は両足首を挫き、また病院へと行くことになってしまったのです。同僚が付き添ってくれた病院で、医者から、最低でもひと月は固定しなければいけないと言われました。仕事はしばらく休まなければなりません。

車いすに乗せてもらい、部屋まで送ってもらうと、私は這うようにして布団に潜り込みました。固定しているとはいえ、両足首には痛みが残っており、食欲すら湧きません。いつしかそのまま、私は深い眠りについたのです。そして、不思議な夢を見ました。

夢の中で私は、部屋の天井から、布団で寝ている自分を見ていました。いわゆる幽体離脱という状態です。

すると、ベランダから、甲冑を身に纏《まと》った武士が音もなく入って来ました。あの武士だ！　寝ている自分に知らせないと、と思ったのも束の間、武士は寝ている私の足元に立つと、きっと天井を見上げ、私を見たのです。その武士の顔には面頬《めんぽお》が着いており、表情は読み取れません。その鋭い眼光だけが、私を睨みつけていたのです。

そして、再び寝ている私の方に顔を戻すと、怪我をしている両足を、勢いよく踏みつけたのです。そのあまりの勢いに驚いた私は、思わず飛び起きました。

夢だったのか……。それにしてはリアルで、今まで見た夢の中で、これほど鮮明に実感が残っているのは初めてでした。

私の心臓は激しく脈打っており、顔から足先まで大量の汗をかいていました。とりあえずタオルで体を拭こうと思い、布団から這い出ようとして気が付いたのです。痛みが消えている……。酷い痛みがあった両足首から、痛みが完全に消えているのです。私は思わず固定具を外し、足首をゆっくり曲げてみました。何の痛みも違和感もありません。腫れも引いて、怪我の痕跡《こんせき》は全くありません。

私は思わずベランダの方を見ました。むろん、そこには誰もいません。もしかしたら、あの甲冑を着けた武士が私の足を治しに来てくれたのか。腹痛の時、足首の捻挫、どちらもあの武士が踏みつけた日に治っていました。

翌日、私は何事もなかったかのように出社しました。これには上司、同僚、部下皆が大変驚いていました。

そこで私は、あの武士の話をしました。

すると一人の同僚が、もしかすると、その武士は君のご先祖様で、君の身に何かあるたびに守ってくれているのではないか、と言うのです。

私は北海道の実家に電話して、私の身に起きた武士の話をして、ご先祖様のことを聞きました。すると、両親は大変驚いて、「それはご先祖様に間違いない」と言うのです。

実は、私のご先祖様は、もともと関西の出で、それなりに名を残した武士だったようです。

両親は、お前には黙っていたんだがと前置きして、息子が関西での仕事が決まり、住むことになったので、今までの感謝とこれからも守ってくれるようにとの願いを込めて、お墓を新しく建て直したんだそうです。

「お前が病気や怪我をするたびに、ご先祖様が治してくださっていたんだよ。だから、ご先祖様に心配を掛けるような生き方をしてはいけないぞ」

両親から諭されて、ご先祖様の有り難さを感じました。もっとも、随分と荒々しい守り方があったものだとは思いますが、私は気合いが入りましたし、あれぐらいでちょうどよいのかなと思っています。

青年は、北海道のお墓にまで今すぐ行くことが難しいので、蓮久寺でご先祖様にお礼のお経を挙げて欲しいとお越しになられたわけです。

法華経というお経の中に「即是《そくぜ》道場《どうじょう》」という言葉が出て来ます。これは、ご先祖様やお亡くなりになられた方々を思いながらお経を唱えると、そこがどこであっても、ご先祖様の供養が出来るという意味です。

早速、青年のご先祖様の供養をともにさせていただきました。お経が終わり、私が青年の方を見ると、「有り難う御座いました」とお礼を言う青年の凜とした目に、武士の魂が宿っているのを感じました。

家内

「最近、家内の様子がおかしいんです」

そうお話しされるのは、綺麗な白髪頭に、白い口ひげを蓄えた、須藤さんという初老の男性です。

須藤さんは、若い頃にある会社を立ち上げ、今では社員五十名を超える会社にまで発展させたそうです。現在は社長職を退き、会長をお務めです。

須藤さんが、私のお寺にお越しくださったのは、現在の社長様の勧めだったそうです。ですので、この時は社長様も一緒に来られていました。

須藤さんが会社を立ち上げた頃は、銀行からの借入金の返済が滞ることもたびたびあり、お金になりそうな物を売ったり、知人に貸してもらったりと、四苦八苦の連続だったそうです。

それでも頑張っているうちに、大手会社との契約に成功し、そこからは一気に借金返済に向けて走り出したそうです。

しかし、そんな調子の良い時に、須藤さんは過労で倒れて入院することになってしまいました。

起死回生の絶好の機会なのに、このままでは大手との取引が遅れてしまう……。もう駄目だと落胆していたその時、ある社員が危機を救ってくれたそうです。大手企業との取引が滞らないように、夜遅くまで会社に残って、遅れた分の作業に打ち込み、時には会社に泊まり込むこともあったそうです。

彼女のおかげで、会社はなんとか難局を乗り越えました。その献身的な社員こそが、今の奥様なのだそうです。時代はまだ女性の社会進出が始まったばかりの頃。

「家内には、大変な苦労があったと思います」

須藤さんは奥様を労わるように優しい目をされています。

その後も、バブルの崩壊、リーマンショックなど、何度も危機に見舞われましたが、そのたびにアイデアと努力によって乗り越えて来られました。須藤さんご夫妻は、まさに二人三脚、若い頃から苦労をともにして来られたわけです。そんな須藤さんの奥様のご様子が、最近おかしいと仰るのです。

家内の様子がおかしいと感じ始めたのは、数ヶ月前です。ちょうどその頃、私は持病の治療のため、病院に入院していました。

私の入院は、定期的なもので慣れていましたから、毎日見舞いに来るなんてことはこれまでありませんでした。しかし、この時の入院では、家内は毎日のように病院に来ました。

看護師さんや主治医の先生は「いっそここで奥様も暮らされますか」と笑われるほどでした。

「俺は大丈夫だから、お前は家でゆっくりしていてくれて大丈夫だよ」

「家にいても特にすることもないから」

家内は笑ってそう言いました。

私たち夫婦は、十年ほど前に信頼する社員に会社を任せて、引退しました。ですから、家内は家にいても特にすることがないのです。一人で暇な時間を過ごすよりも、話し相手がいた方がいい、だから毎日来ているのかな。その時はその程度に考えていました。

その後、退院した私は、徐々に家内のおかしな態度が気になるようになったんです。

退院して家に帰ると、見たことのない女性がいました。

驚いて家内に聞くと、お手伝いさんを雇ったというのです。家内は、普段なら必ず私に相談してから物事を決めていたのに、この時は一切相談はありませんでした。

さらに、家内は奇妙なことを言います。このお手伝いさんは来られたばかりで、まだ家の中の勝手が分からないから、あれこれとお願いしないようにして欲しい、と。

もともと私は自分のことは自分でしたい性格ですから、他人に何かを頼むことはほとんどないので特に問題はありません。ただ、家事をお願いしてはいけないお手伝いさんなんて聞いたことがありません。それに、このお手伝いさんは、緊張のせいか、顔色があまり良くないことも気になりました。

それだけではありません。家でテレビを見ていると、家内が突然席を立って、どこかに行くんです。私が行く先を尋ねても、「すぐに戻ってきます」と言うだけで、お手伝いさんと一緒にいなくなるのです。

気になって後をつけると、家の外に出るわけでもなく、仏壇のある部屋に入るだけで、すぐに二人とも出て来るのです。

そして一番おかしいのは、深夜、二階の寝室で寝ていると、家内が部屋を出て、どこかに行くんです。

最初はトイレかなと思ったのですが、あまりに毎晩のことだったので、心配になった私は、どこに行っているのか、何をしているのかを確認することにしました。

その日はいつもより少し早めに床につきました。家内も私が寝るというので、一緒に寝室に行きました。

私はベッドに横になると、隣のベッドに家内が寝たのを確認しました。私はそのまま目をつぶると、ついつい寝てしまいました。

目が覚めたのは、深夜でした。私が時計を見ようとすると、人が動く気配がしたのです。

家内が部屋を出て行こうとしている――。そう思った私は、しばらく寝たふりをして、様子を見ることにしました。

部屋に気配がなくなったので、ベッドの上で起き上がろうと目を開けた、その時です。

「うわっ」

ベッドの横に、二つの影が立っている。人？　顔は見えません。しかし、じっと私の顔を見下ろしている気配がしました。

「あなた、どうしたの」

影の一つが発したのは、間違いなく家内の声でした。

家内の横に立っているのは、どうやら例のお手伝いさんのようです。

「お、お前達こそ、こんな時間に何をしているんだ。今からどこに行くつもりだ」

私はひどく動転したまま、声を荒げていました。しかし、家内の声はゆっくりと落ち着いていました。

「私はずっとここにいますよ。あなたの傍にいますよ」

そして家内に一階に戻るように言われ、お手伝いさんは部屋を出て行きました。

こんな真夜中にお手伝いさんを起こして、寝室に呼んだり、私の顔をただ覗き込んでいたり、こんなことは普通ではありません。家内は、考えられないような行動をするようになったんです。

もしかすると、家内は認知症になったんじゃないか、そうじゃなければ、何か悪い霊が取り憑いて……。

怖ろしくなって、かといって誰かれと相談もできないので、社長に話したら、病院よりも先に三木住職に相談しましょうと言われ、ここに相談に来たんです。


このように須藤さんはお話しされました。

もし、霊的な何かが原因であれば、一度奥様とお目にかからないことには判断できません。ですので、奥様と一緒に再度お越し下さいとお願いしました。

須藤さんは納得されて、日を改めて奥様とお越し下さることになりました。

すこし安心されたのか、須藤さんが本堂から外に出る用意をされていますと、社長様が私を手招きして、須藤さんから離れた本堂の端の方に呼ばれました。

そして、須藤さんに聞こえないように、小声で教えてくださったこと、それは——。

「実は、会長の奥様は、会長が入院中にお亡くなりになりました。もちろん、会長も葬儀に出席されたのですが……」

須藤さんは社長を辞められて張り合いを失ったところに、奥様を急に亡くされ、あまりのショックに認知症になられたのではないか。

私は、須藤さんがあまりにもリアルに奥様のことを話されますので、認知症だとは感じませんでした。

「これはあくまで私の想像ではありますが、須藤さんが入院されている時に、すでに奥様は死を予感されていたのかもしれません。ですから、最後の時まで出来るだけ夫婦で過ごされたかったのではないでしょうか。その後も、須藤さんが奥様の姿を見ているのは、奥様が本当に近くで見守って下さっているのだと思います」

それを聞き終えると、社長様は須藤さんと、本堂の外に出られました。

そして、深々と私に頭を下げられたあと、こう仰いました。

「会長の奥様は今も会社を見守って下さっているということですよね。もしそうなら、ご心配をお掛けしていること、誠に申し訳ありません、とお伝え下さいませんか。そして、このコロナウイルスが蔓延するという危機にも、会長ご夫妻がこれまで色々な危機を乗り越えて来られたように、私たち社員一同、一丸となって乗り越えます。そうお伝え下さい」

社長様は、再び頭を深く下げられました。そのすぐ隣には、初老の女性が、温かな笑みを浮かべながら立っています。そして、一礼をすると静かに消えていかれました。

認知症という言葉は、現代医学が発展して生まれた言葉です。医学が未発達の頃は、いわゆる認知症の方のことを「中有《ちゅうう》に迷う」と表現していたようです。

「中有」とは仏教用語で、いわゆる死後の世界のことです。

認知症の方は、死後の世界とこちらの世界を行ったり来たりされている、だから不思議な話をしているのだ、そう理解されていたようです。

しばらくして、須藤さんは、この世を旅立たれました。

その知らせを社長様からいただきました夜、私はこんな夢を見ました。

「三木住職、家内を連れてきました」

元気そうに女性の手を引く須藤さん。傍らであの穏やかな微笑みをたたえた女性は奥様でしょう。その後ろには、二人を案内するように、一人の女性が立っていました。この女性が須藤さんの仰っておられたお手伝いさんかなと思っていると、夢から覚めました。

もしかすると、須藤さんが仰っていたお手伝いさんとは、あの世からの迎え人だったのかもしれません。

「私は、三木さんの話を全く信じていません。失礼を承知ではっきり言えば、嘘つき坊主だと確信しています。それに宗教を信じている人達も科学的知識の乏しい人だと思っています」

手厳しいお言葉を面と向かって仰られたのは、昨年に定年退職を迎えられた、井上さんという男性です。

井上さんは、国立大学を卒業後、一流商社に就職されました。しかし人間関係が嫌になり、家から一番近いという理由で、小さな会社に再就職、定年まで勤めあげたそうです。

そんな井上さんが、蓮久寺に来られたのには、どのような理由があるのでしょうか。

……本当は来たくなどなかったんですが、家内がどうしても行けというので、嫌々ながら来ました。

実は私には三十歳になる息子が一人いるのですが、ここ五年ほど引き籠もりになってしまい、部屋から出てこないんです。放っておけばそのうち出てくるだろう、と私は気にも留めていませんが、家内は心配性で、色々な所に相談をしていたみたいなんです。すると、息子の引き籠もりの原因の一つが分かったと言うんです。

それが、あなたの大好きなお化けなんですよ。

時々、息子は大声で「出て行け！」と叫ぶんです。自分の部屋、もちろん誰も部屋には入っていないのに、そう叫ぶんです。

家内が息子に聞いた話では、息子には子供の霊が見えていて、それが部屋の中に入ってくるから叫んでいるんだそうです。

そんなの単なる幻覚に決まっているんですがね、家内は本当に霊かもしれないと心配しているんです。

病院に行けば治るだろうに、息子も部屋から出てこないので、医者にも連れて行けないんですよ。

こんな馬鹿げた話もないんですが、とりあえず、家内を納得させないとならない。それでここにわざわざ来たんです。お守りか何か買って帰れば、家内も気が済むでしょう。

井上さんは早口にまくし立てるようにお話しくださいました。お守りをお分けしたところ、長居は無用と言わんばかりに、お布施を置いて、すぐにお帰りになりました。

確かに、霊魂や不可思議な現象は、科学的には立証されていませんし、霊感商法や悪徳宗教も存在します。では、その真偽を見分けるにはどうしたらよいのでしょうか。

私はこう考えます。たとえば、一口に仏教と言っても、宗派ごとに多様な教えがありますが、その宗教でどのような教えが背景にあり、実際に言っていることと矛盾はないか、検証が出来るかどうかなのだと思います。

昔からある既成仏教では、仏の教え、すなわちお経が背景にあります。たとえば、私が「人を傷つけましょう」と言ったとしましょう。しかし、背景にあるお経には「人を傷つけてはならない」と書かれていますから、私の発言とお経とを検証すると、私が間違ったことを言っていると分かるわけです。

ただ、無信心な方であっても、お渡ししたお守りが、良き方向に導いてくれることを、この時は祈るしかありませんでした。

それから数日後、井上さんが再びお寺にお越しになりました。隣には奥様と、引き籠もりだとお聞きしていた息子さんもご一緒です。

あれからどうなられたのか、気になっていた私に、井上さんが教えて下さいました。

お守りを持って帰りましたら、家内は早速、息子の部屋の扉にお守りを貼り付けました。たったそれだけのことで、その日から息子の叫ぶ声がぴたりとなくなりました。

しかし、今度は、私の書斎兼寝室で、不思議なことが起こり始めたんです。私が書斎で本を読んでいると、勝手に扉が開いたり、ノックのような音が聞こえてくる。もちろん、霊的な現象など信じていませんから、風で扉が開いたんだろう、何か別の音を聞き間違えたのだろうと、あまり気にも留めませんでした。

ある日の夜、私が寝ていると、扉を誰かがノックする音を再び聞いたんです。私は家内か、息子かと思い、「誰かいるのか」と声を掛けました。

すると、音もなく扉が開き、私の部屋に一人の子供が入って来たんです。

私は息子が見ていた幻覚を見ているのだと思いました。物理的には完全に証明されてはいませんが、ある双子が、離れた所で共通して同じことを思ったり、感じたりする現象が報告されています。それに似た現象が、自分と息子の間で起こっているのだろうと思いました。

私は冷静に、その子供に言いました。

「お前は誰だ」

すると、その子供は泣きそうな声で答えました。

「お兄ちゃん。僕、頭が弱くてごめんね」

はっとしました。その子の顔を確かめたくて、暗闇の中でじっと見たんです。そして確信しました。その子供は、私の「弟」だったんです。絶対に間違いありません。

私は思わずその子供に近づいて、抱きしめました。その感覚が、未だに腕に残っています。

私には小学二年生で亡くなった弟がいました。弟には知的障害があって、そのため小学校では、よく馬鹿にされていじめられていました。いじめられていることすら分からない弟は、いつもニコニコ楽しそうにしていたんです。その後、弟は病気によって死んでしまいました。

その時、私は思ったんです。仏や神などこの世に存在しない、と。なぜなら、弟はこの世に生まれて来て、何も幸福を感じずに死んでしまった。辛いことしかなかった弟を思うと、宗教など嘘つきの集団に過ぎないと思ったんです。

それから私は、弟のようにはなりたくないと必死に勉強しました。その結果、国立大学に入り、卒業後は一流商社に入社しました。自分の力で幸せを勝ち取ってきた。そんな自負がありました。

だから、私の息子にも、一流の大学、一流の会社に入れと、子供の頃から教えて来ました。

しかし、成績はよくて中の上どまり、私の思い描く人間にはなれそうもなかった。だから、私は、この子をいつも叱りました。

「どうしてできないんだ。もっと優れた人間になれ」

いや、私の理想どおりにできない息子に腹を立てていたのかもしれません。

しかし、「弟」と再会して、その言葉を聞いて、私は少し考えが変わりました。弟は本当に不幸だったのだろうか、私が決めつけているだけで、弟は幸せだったのではないか。そう思うようになったんです。

何も私のように、高学歴で、人が羨むような会社に入れても、不幸な人はいるし、逆に学歴がなくても幸せな人は沢山いるのかもしれない。

私は息子の部屋の前に立ちました。

「お前は十分優れた人間で、幸福になる権利がある。一緒にそれを目指そう」

私の正直な気持ちでした。

次の日、息子は部屋から出て来てくれました。色々な話を息子としました。こんなに沢山の話を息子としたのは初めてでした。

息子が引き籠もりになった原因は、「弟」の霊らしき者のせいではなく、私が息子を完全に否定したことにあったのだと、今では反省しています。

晴れやかな表情の井上さんを見つめて、奥様と息子さんも嬉しそうでした。ご家族三人でお礼を言われて、帰って行かれました。

知識を持つことは大変良いことです。知識のある人が増えることも素晴らしいことだと思います。

しかし、知識人が増え過ぎますと、反面困ったことも多くなるように思います。

それは、自分以外の人が馬鹿に見えたり、自分より知識の劣る人をやり込めることを快楽にしたりしてしまう人間が増えてしまうことです。

仏教には「依智不依識《えちふえしき》」という言葉があります。

意味は「知識に依らずに、智慧《ちえ》に依りなさい」という意味です。

これは、知識が要らないという意味ではなく、知識万能になってはいけないという戒めを述べています。智慧のある人とは、自分の経験から物事を深く考え、気付くことのできる力、他人を思いやる気持ちを備えている人のことを言います。

仮に、相手があなたよりも知識が乏しい人であっても、それだけで劣っていると判断してはいけません。智慧を持って行動できるのであれば、その人は素晴らしい人なのです。

お母さんのおかゆ

その店は、外から見ると、一見普通の民家のように見えます。しかし、中に入ってみると、そこは立派な内装の中華料理屋さんになっていました。席数も三十席ほどあります。

私がこのお店を知ったのは、知人の紹介で、訪れる少し前のことでした。

料理は中華風の創作料理で、薬膳料理もあり、食材は厳選されていて、お客さんの健康にとても気を遣っておられます。しかも、値段も庶民的で、ことあるごとに食べに来たいなと思えるお店でした。

ところが、このお店は半年後には閉店することが決まっていたのです。

理由は、料理を作ってくださっているご主人が、七十歳を超えたので、もう年齢的に続けるのが厳しいというものでした。店には、料理のお手伝いをされているお弟子さんもおられるのですが、京都を離れ、生まれ故郷で新たに出店されることが決まっていました。

とても残念ですとお話しすると、ふと遠い目をされて、ご主人が仰いました。

「店を閉めるのに、一つだけ心残りなことがあるんです」

私がここに店を出したのは、もう三十年以上前のことです。

時代はちょうど、昭和から平成になった頃で、私も念願の自分のお店を持て、常連のお客様もすぐに出来て、まさに順風満帆の時でした。

そんな時、あるお客様から、こんなことを言われました。

「子供を静かにさせて欲しい」

私のお店には、小さな子供連れの親子も多く、そのお子さんが時々お店の中を走り回ったりしていたんです。大抵の場合は、親が叱ってくれるのですが、なかにはそのまま自由に遊ばせておく親も少なくありませんでした。

そんな時、ある親子連れがお店に来られました。

その両親は男の子と、女の子の二人のお子さんを連れて来られ、幾つかの料理を頼まれました。

「パパー、お腹減ったよー」と女の子が待ちきれないように言いました。

「ごめんね。もう少しだからね」と、父親は本当に申し訳なさそうに返事をします。

恐らく、父親の仕事の関係でこの時間になったので、子供にしてみればお腹が減っている時間帯だったんでしょう。

んです。

その日も店内は満席に近い状態でした。料理の提供にも少し時間が掛かっていたんです。

すると、女の子は待ちきれずに大きな声で泣き出しました。

「あーん、お腹減ったよー」

その声に店内にいた数人が目をやりました。

父親は申し訳なさそうに、「もうすぐお料理が来るから我慢して」と子供をなだめていました。

男の子も、「大きな声を出したら駄目だよ」と、女の子の頭を撫でてやっています。どうやら男の子がお兄ちゃんで、女の子は妹のようです。

幼いお兄ちゃんと、父親が必死で泣きやむようにあやしているにもかかわらず、女の子は一向に泣きやむ気配がありません。

そのうち、一人のお客さんが「チッ」と舌打ちしました。慌てて私の家内が謝りに行こうとした時、父親はそれに気が付いたのか、女の子を外に連れ出しました。

その様子を見ていた私は、不謹慎かもしれませんが、舌打ちしたお客さんの気持ちも分からないではない、と思ったんです。

なぜかと言いますと、お兄ちゃんや父親が、女の子を何とか泣きやませようとしているのに、子供さんの母親は、全くと言って良いほど何もしないんです。何もしていないどころか、むしろ微笑ましく見ているだけだったんです。

飲食店などで子供が騒いでいる時に、子供さんに対しては仕方ないと思えるのですが、その子の親が全く注意しないということに、私は無性に腹が立つんです。

親子が外に出てからすぐ、私は仕上がった料理をテーブルに届けました。すると男の子が「パパ呼んでくる」と言って外に出ました。その時も母親は、私に向かって会釈するだけでした。

それから数日後、料理を気に入ってくれたのか、また家族でお店に来てくれました。時々、女の子がぐずることがありましたが、やはりその時も母親は何も手伝おうとしません。

この家族は、それからも、週に三回くらいは来店してくれるようになりました。

もちろん、常連さんとなれば、何をしている人なのかなど、会話の中から徐々に分かってくるものですが、なにせ小さな子供さんを連れて来られて、その子らの世話を父親がしておられましたので、あまり会話を交わすことがなく、名前は知りませんでした。

そんなある日、父親が背広で来ることがありました。いつもより遅い時間だったので、恐らく仕事から帰って来て、そのままここへ来てくれたんだと思います。

その頃、私の店は、予約なしには入れないほどに繁盛していました。ですので、その家族が来てくれても、入り口で断ることが何度かありました。

女の子は「ここのご飯が食べたい」と泣くことも時々ありましたが、その都度、お兄ちゃんが「泣かないで。今日は仕方ないから、また今度来よう」と、父親と一緒に慰めたりしていました。

私は、母親が食事を作れないのかと、少し腹立たしく思いながらも、今度からは予約を取られた方がいいですよと、お店の電話番号を渡しました。

次の日、予約客の中にあの家族がいました。ここで初めて名字を知ることが出来ました。

予約は、午後九時でした。小さな子供さんの晩ご飯にはかなり遅い時間です。繁盛していたとはいえ、八時台は空いていましたので、八時台でも大丈夫ですよと言いましたが、九時に予約をされました。

案の定、すでに眠たそうな女の子は、「今すぐ食べたい」と入店早々にぐずり始めました。

「ごめんね。パパの仕事が遅くなってしまったから、ごめんね」

父親は娘に何度も謝っていましたが、お腹が減っている小さな子は、そんなことで大人しくはなりません。

ここで私は気が付きました。恐らく、母親は家事や子育てが出来ない人なんだと。

このままでは子供達が可哀想だと思った私は、メニューには載っていない小さなおにぎりを作って、親子のテーブルに持って行きました。

「お嬢ちゃん、これを食べて待っててくれるかな」

女の子は、私の手からすぐにおにぎりを取りました。

それを見ていたお兄ちゃんがすかさず、「真実ちゃん。ありがとうって言わんとあかんで」と注意するので、

「お名前は真実ちゃんって言うのか。食べて良いよ。お兄ちゃんの分もあるよ」

と言って、男の子の分もおにぎりを出しました。

「いつもご迷惑をおかけしてすみません。おにぎりも有り難うございます」

父親は本当に申し訳なさそうです。しかし、やはり母親はお礼の一つも言おうとしません。

さすがに腹が立って、私は母親に強く言いました。

「たまにはお母さんの手料理も作ってあげなさい。なんなら俺が教えてあげるから」

夢中でおにぎりを食べている子供達の横で、父親は不思議そうな顔をして私を見つめています。

その瞬間、母親の姿が段々と薄くなり、やがて消えてしまいました。びっくりし

た私は、腰を抜かしてその場にへたり込んでしまいました。

人が消えた……。私はパニックになりましたが、そうか、これがお化けか……と妙に納得もしました。

そして、母親だと思っていたあの女性は、この子達とどういう関係なのか、好奇心に似た疑問が湧いてきました。

「大丈夫ですか」と心配そうに父親が声を掛けてくれました。正気を取り戻した私は、立ち上がって、とにかく注文の食事を急いで作りました。

子供達は、食事を終え、もう午後十時を過ぎていましたので、小上がり席の畳の上で、寝息を立てて寝てしまいました。

あの女性は、この子達の母親ではないのだろうか——。恐怖よりも好奇心が勝って、私は父親から、初めてこの家族の話を聞きました。

長男はしっかり者の五歳の友弘君、妹さんは少し泣き虫の三歳の真実ちゃん。ご両親はもともと関東の出身で、友弘君は関東で生まれ、その後、仕事の関係で京都に来られ、真実ちゃんが生まれたそうです。

ところが、お母さんは出産直後に病気になり、一年間の闘病の末、亡くなられたということでした。

亡くなられた奥さんも、ご主人も実家はともに関東なので、京都では頼れる親族もいません。一時は、仕事を変えて、実家の近くに引っ越ししようかとも考えたそうですが、ここには奥さんと過ごした時間があるので、ここで頑張ろうと決心したそうです。

私の店を気に入って下さったのは「お母さんのおかゆ」があるから。奥さんは入院中、おかゆしか食べられず、薬膳のおかゆを買って、家族で食べたそうです。その時の味と、私の店の薬膳がゆの味が似ていた。それで子供達は薬膳がゆのことを「お母さんのおかゆ」と呼ぶようになり、仕事が遅くなった日でも、ここの料理を食べたいと子供達が言えば連れて来るようになったのだそうです。私は話を聞きながら涙が止まりませんでした。そして思わず大きな声で、

「よし分かった。これからは私がこの子達に晩ご飯を作ってあげるから、お宅まで迎えに行きますよ」

と言うと、お父さんは遠慮されましたが、そうさせてくれとお願いしました。そのやりとりがあまりに大きな声だったので、子供達が起きてしまいました。二人が同時にこう言いました。

「お母さんはどこ？」

父親は、時々、二人とも寝ぼけて、母親はどこかと聞いてくるんですよと苦笑い

しながら、

「お母さんは、いつも遠くのお空から、二人のことを見てくれているよ」

と二人に優しく説明しました。

それは違う。私は思わず声に出して言っていました。

「それは違うよ。二人のお母さんは、二人のすぐ隣にいてくれて、いつも二人のことを見てくれているんだよ」

子供達は、本気でこんな話をする大人を不思議そうに見ていました。

「これはね、慰めでも何でもないんだよ。本当に二人のすぐ隣にお母さんはいるんだよ。なぜだか分からないけど、おじさんには見えるんだよ」

私は本当に見えていただけに、子供達に分かってもらいたかったんです。

二人はにっこりと笑うと、「僕も絶対そう思う」「真実もそう思う」と口々に言ってくれました。

それを聞いた父親は、

「本当だったのか」

とつぶやきました。

「実は時々、子供達が『お母さんがさっきまでいたよ』とか、出掛けるときに『お母さんも一緒に行こう』とか言うので、少し心配していたんです。でも、本当に近くにいてくれてるんですね」

目には光る物がありました。

住職さん、それ以来、私はあの子達のお母さんを見なくなったんです。そして子供達もある時期を境に、見なくなってしまった。

私や子供達はあの時、幻覚を見ていたんでしょうか。それを確かめる術がないことが心残りです。もし幻覚でなかったら、今、お母さんはどうしてるんですかね……。

ご主人のお話に、私もいつの間にか泣いていました。死後もお母さんは子供達の様子を見守っていらっしゃったのでしょう。

決して、幻覚などではない。私はご主人にそう答えました。

なぜなら、一部の宗派を除いて、仏教では霊の存在を肯定しております。そして、死後、生きていた者の魂は、この場に並行的に存在し続けると考えます。

もっとも、阿弥陀仏《あみだぶつ》を拝《おが》まれる宗派は、死後、極楽浄土に行かれるため、この世には死者の魂は存在しないと考えます。

日蓮宗の教義ではそうなっているからということではなく、私は実体験として、感じたり見たりするので、生きている私たちの近くにおられるのは間違いないと考えています。

それが、見えたり、見えなくなるのはどうしてでしょうか。

それは恐らく、人間の脳の仕組みや、遺伝子的問題なのではないかと思っています。ここで話しますと長くなるので省略しますが、いつの日か科学的証明がされる日が来ると信じています。

輪廻転生されたので見えなくなるという方もおられますが、それもほとんどないと思います。

たとえば、人間の世界の時間と、死後の世界の時間には大きな違いがあるからです。

海深くにある竜宮城では、たった一日、二日が、人間界の五十年に相当するといわれています。ですから浦島太郎のお話は、事実だったのではないかと思っています。

死後の世界で、輪廻転生するまでには、人間界の何百年もの時間を要するのではないでしょうか。途方もない時間ではありますが、よいこともあります。私たちは死んだあと、あの世で両親やご先祖様と必ず顔を合わせることになるのです。

その時に、ご先祖様に叱られないような人生を送ることこそが一番大切なことですね。

そんな内容のことをお店のご主人に伝えると、ご主人は「おい」と弟子を呼んでこう仰いました。

「住職のお話が聞こえたか」

「はい、しっかりと聞かせていただきました。母親に叱られないようにこれからも頑張ります」

そこには立派に成長された友弘さんの姿がありました。

きっと今頃は、生まれ故郷の関東のどこかで、「お母さんのおかゆ」を作っておられることでしょう。

ひな人形

「お坊さんには、定年退職ってあるんですか」そう聞かれることがあります。

基本的に定年退職はありません。その代わりと言ったら語弊があるかもしれませんが、「隠居」というものがあります。

しかし、お坊さんの場合は、隠居後も僧侶としての最低限の生活は行わなければいけません。隠居したからといって、ギャンブルや飲酒などを好き勝手にしながら生きることは出来ません。もちろん、あくまでも日蓮宗の場合ですので、宗派によっては違いますのでご了承下さい。

さて、これをお読みくださっている皆様の中にも、もしかするともう定年されている、または定年が近い方もおられるかもしれません。

今回のお話は、ご主人の定年後都会を離れ、静かな田舎で暮らすことにされたご夫婦のお話です。

今まで私たち夫婦は、近くにスーパーやコンビニがあり、必要な物は深夜でも手に入るような生活をしてきました。日常、不便に感じたことといえば、通勤の際に駅まで十分ほど歩かなければならないといったことくらいです。しかしその不便さも、定年を迎えた今となっては無くなったわけです。

そんな現代人の生活にどっぷり浸かった自分達に、本当に田舎暮らしが出来るだろうかと、夫婦で逡巡しておりました。

色々な田舎を訪ね歩いて、二年ほどが過ぎた頃、私たちはとても綺麗な景色に出会いました。

そこは、田畑が一面に広がり、土の良い香りのする場所でした。

田んぼに生える緑色の稲は、優しく吹く風に撫でられ、まるで犬か猫の背中の毛のように柔らかくへこみ、波となって移動して行きます。

空には、白いとはこのことだと再確認させてくれるような雲が、山の上から顔を覗かせていました。

耳には、虫の鳴く声に、鳥のさえずり、川の流れる音までが、まるで計算し尽くされた立体音響の如く迫ってきます。

いつの間にか、私の目からは涙が零《こぼ》れていました。その時、隣にいた妻が、私の手を強く握ってきたので見ると、妻の目にも涙が溢れていました。なぜ涙が出るのかは、妻も分からない様子でしたが、私を見てにっこりと微笑んでくれました。

もしかすると、人間は、大きな感動を覚えたときに、反射神経が働き、涙が出るように出来ているのかもしれません。私たち夫婦は、ここに引っ越そうと決めました。

幸いなことに、旧家がすぐ近くに見つかりました。今までマンション暮らしだったので、夫婦二人には不必要なくらいに広かったですが、もうそんなことはどうでもよく、一刻も早くここで暮らしたいと思いました。

その数週間後、多少暮らしやすいように内部を改装し、念願の田舎暮らしをスタートさせたのです。

引っ越したばかりで、不便なことも少なくはありませんでしたが、決して苦には感じませんでした。ですが、一つだけ、どうにも慣れない出来事がありました。

ある日の夜のことです。布団を敷いて寝ようとすると、天井から、「ミシッ……ミシッ」という音がしてくるのです。

今までのマンション暮らしでは聞いたことのない音でした。私はこれが「家鳴り」というものかと思いました。

木造建築の家では、湿気や乾燥によって木が収縮し、その時にこのような音が鳴ると聞いたことがありましたが、比較的大きな音がするものだと驚きました。

子供の頃の生家が一軒家ではありましたが、これほどの家鳴りは聞いたことがありませんでした。

毎日というわけではありませんが、「ミシッ、パキッ」という音は、鳴り始めると数十分は続きました。隣の布団で寝る妻は、さほど気にならない様子で寝入っていました。

私は気になり始めると、その音に余計に集中してしまうので、出来るだけ神経を他に向けようとするのですが、やはり気になって音がやむまで寝られないこともありました。

しばらく経った日のことでした。妻の布団を敷き終え、私の布団を敷いていた時です。

「トントントン、トントン」

天井から聞こえてくるこの音は、今までの家鳴りとは明らかに違いました。そう感じながらも、旧家に暮らすと、動物か何かが天井裏に入り込むこともあるのだろうと、そのままにしておりました。

それから数日後の夜、再び「トントントン」という音が聞こえてきたのです。家鳴りにも少し慣れた私は、いつものことだとそのまま寝ようとしました。

「ドンドンドン！」

今までにない大きな音が部屋中に響きました。天井裏で何かが歩いている。そうとしか思えませんでした。たとえ小動物が入り込んでいたとしても、ここまでの大きな音にはならないと断言できるほどの音なのです。その夜は、私は一睡もできずに、朝を迎えました。

朝になって、妻も起きてきたので、私は一度屋根裏を覗《のぞ》いてみることにしました。懐中電灯を持って、押し入れの天井板をずらして、そこから屋根裏へと入ってみました。

朝にもかかわらず、真っ暗で、ライトがなければ何も見えませんでした。ライトで照らすと、薄くホコリが積もっていましたが、想像していたよりも綺麗です。私は屋根裏に上がり込むと、辺りをライトで照らしてみました。そこは、少し屈まなくてはいけませんが、比較的広いスペースで、綺麗に直せば一部屋が出来るほどの広さがありました。

私は、夫婦で寝ている部屋のちょうど上にあたる部分は、どこになるだろうと考えながらライトを色々な方向に向けていて、あることに気が付きました。屋根裏に積もった埃が、一部分だけなかったのです。よくよくその部分を見ると、人間の足跡のような形をしています。こんな所に人間の足跡があるはずがない。恐らく、猿が入り込んだのだろう。

もう少し足跡を辿ってみると、ある方向へと続いています。そして、私たち夫婦の寝ている部屋の辺りまで来ると、複数の足跡が重なり合うように付いていました。

よって、昨夜の大きな音は、一匹もしくは数匹の猿が跳んだり走ったりしたからに違いない。ただ、具体的にここで何をしていたのかまでは知ることは出来ませんでした。そう結論付ける以外に答えはなかったのです。

昨夜の音の原因が分かり、少し安堵した私は、来た方向へ戻ろうとしたその時、一つの箱を見つけました。前に住んでおられた方の忘れ物かもしれないと思い、その箱を持って降りることにしました。箱はさほど重くなく、片腕で持てるほどの大きさでした。

屋根裏から戻った私を、妻はまるで長い時間離ればなれになって、ようやく再会できたとでもいうように迎えてくれました。

私は、箱を見つけてきたから、二人で開けてみようと言いました。妻は少し不安そうな顔をしていましたが、私は蓋を取って中身を確認してみました。そこには、薄紙に包まれたお人形が二体入っていました。薄紙を取ると、きれいなひな人形の男雛《おびな》さまと女雛《めびな》さまだったのです。

「どのくらいの時間を屋根裏で過ごしていたのだろうね。もしかするとこの二人が屋根裏から出してって言って、屋根裏を歩いていたのかもしれないね」

妻は、うん、うんと何度も頷きました。

もう今年の雛祭りも終わっていましたが、折角だからと玄関に飾ることにしました。この広い家に老人が二人だけですが、男雛さまと女雛さまを飾ると、まるで家族が増えたように感じました。

その日の夜、私は夢を見ました。引っ越し以来、初めて息子夫婦がこの家に遊びに来てくれたという夢です。

「久しぶりだね、二人とも元気にしてたかい。さあさあ、上がりなさい」

「お父さん、久しぶりだね。元気そうでよかった。僕たちは、時間もあるからゆっくりしていくね」

「そうかそうか、いられるだけいなさい」

息子夫婦に、妻に私、みんな一緒に晩ご飯を食べました。

そして、晩ご飯を食べ終わった時、息子がいつになく真剣な表情で私に言いました。

「お父さん、お母さん、今まで本当にありがとう。産んでくれただけでも僕は本当に感謝しているよ。これからもお父さんお母さんの近くにいるから安心してね。そして、僕たちのことは心配しなくて良いから、二人は幸せになってね。お父さんお母さんが、どこへ引っ越そうとも僕たち夫婦は一緒にいるからね」

息子夫婦が穏やかな笑顔を見せてくれたところで、夢は覚めました。隣の妻を見ると、彼女もこちらを見つめています。私は妻に今見た夢を話しました。

「私も同じ夢を見ましたよ」

この時は小さな声でしたがはっきりと言ってくれたんです。久しぶりに耳にする妻の声でした。

私たち夫婦には、一人息子がいました。優しい子でした。結婚していつか孫が生まれるのを楽しみにしていた矢先、不慮の交通事故に遭い、息子夫婦はこの世を去ってしまいました。

妻は深いショックを受けて、声が出せなくなりました。私は、妻の精神的なショックが少しでも和らげばと、都会を離れ、田舎で暮らそうと考えたんです。

ふと、私は玄関に置いた雛人形が気になり、妻の手を取って、見に行きました。するとどうでしょう、不思議なことに、二体の人形の目から涙が零れていたのです。原因や理由は分かりません。思い込みと言われたらそれまでです。しかし、私たち夫婦は、この人形に、息子夫婦の魂が宿ったのだと信じています。

この夢を見た日から、妻は声が出せるようになりました。奇跡ってあるんですね。

お人形さんと言えば、怪談話によく出て来ます。呪いの人形や勝手に動く人形など、よく見聞きします。何となく古いお人形さんは、それだけで怖い印象を持たれてしまいます。しかし、決して怖いものばかりではないのです。

人形は〝ひとがた〟と読むことがあります。この場合は、病気や厄災を身代わりに受けてくれるお守りの役割を果たしてくれます。叱られるかもしれませんが、そういった意味では、仏像もお人形さんと見ることが出来るかもしれませんね。お人形さんはあなたを守ってくれる存在でもあります。ですから皆さんも、もしご自宅にあまり出さないお人形さんがあれば、年に一度だけでも良いので箱を開けて、飾ってあげていただきたく思います。

最後に、ご主人自身に起きた奇跡をお話しいただきました。

「私は仕事優先の人間でしたし、目に見えない物は全て信じていませんでした。ですから、田舎の風景に涙したことも、息子夫婦の存在を感じたことも、目に見えない世界との繋がりを、この年になるまで信じられませんでした。

今では、妻の声を日常に聞くたびに、目に見えないものに感謝して生きることの大切さを噛みしめて、余生を送っています」

第四章

祈

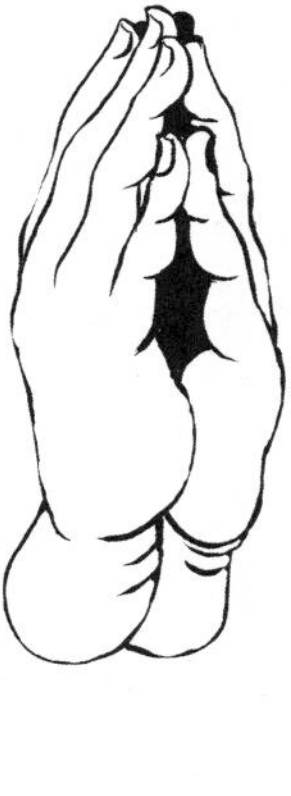

日本には、呪いの藁人形というものがあります。科学的根拠などありませんが、「呪いが効いた」と実際に仰る方が、少なからずおられます。

呪いは、日本だけのものではありません。黒魔術やブードゥーといった有名なものから、個人で編み出されたものまで、世界各地に存在します。呪いの数だけ、他人を不幸にしたいと願っている人達がいるのです。

そもそも呪いとは、口偏に「兄」と書きますが、これは兄ではなく、膝を突いてお祈りをしている人間の姿です。即ち、人の口から出たものに祈りを捧げているのです。自己の欲求が満たされますようにと、自分の都合を口に出して、それが叶うように願うのです。

では、呪いと対になるのは何でしょうか。

それは、「祈り」です。祈りは基本的に、他人の幸福を願うものです。祈は簡略化された字で、元々の字形は「禱」です。示偏は祭壇を、「壽」(寿)は永く続くことを意味します(諸説あり)。寿命や天寿など、永く続いて欲しいことには、壽が使われます。ですから、祈るとは、他人の幸福が永く続きますようにという願いそのものなのです。

この世界が、呪いではなく、互いの幸福を禱《いの》りあえる世界に成りますように、心より禱っております。

謎の看護師さん

「きっかけは、会社の新しい倉庫への引っ越しだったんです」

そうお話しされるのは、ある会社にお勤めの谷本さんという男性の方です。

谷本さんがお勤めの会社は、京都の郊外にあります。その会社が、仕事の幅を広げるために、他業種へ事業を拡大されたそうです。

そのために、大きな倉庫が必要となり、関西某所に土地を買い、そこに大きな倉庫と、無料で住める社員寮を建てられたそうなんです。

谷本さんは、独身ということもあり、上司から新しい倉庫の管理者として行ってみないかと声を掛けられたそうです。

そこで谷本さんは、新しい倉庫に管理主任として行かれることにされました。そして、その新しい職場で、恐怖の体験をされることになるのです。

私が新しい倉庫に出向したのは、六月最初の頃でした。

社員寮も、倉庫もまだ新築の香りがして、とても新鮮な気分で会社はスタートしました。

京都の職場で顔馴染みだった、同僚や後輩も何人かおり、この新規事業を上手く回せるように尽力しようと、皆、やる気に燃えていました。

新しい会社がスタートして、私は一応管理主任という肩書きを持っていましたので、今までは、名字で呼ばれていましたが、ここでは「主任」と呼ばれるようになりました。

と言っても、私が仕事上の責任や指示をする役割を担っているだけで、決して人間的に偉くなったわけではないことは分かっていました。

ですので、私は、主任という呼び方はやめて欲しいと皆に話しました。そして何より、どこか気恥ずかしいので「谷本」という名字で呼んでくれるように、皆にお願いしたんです。皆も谷本さんらしいですねと、快く私の申し出を受け容れてくれました。

それから数週間が経った頃、社員の中に不思議な話をする人が出て来たんです。ある後輩はこんな話をしてきました。

「昨日、午後七時頃に、第二倉庫で少しだけ残業をしていたんです。そしたら何か人の気配を感じたんですよ。時間的にも谷本さんが残業の様子を見に来られたのかと思って、『谷本さんですか』って声を掛けたんです。そしたら『はい』って短い返事が返ってきたんです。でも、不思議なんですが、その声は若い女性の声だったんです」

またこんなこともありました。

夜の八時頃、同僚の男性社員達と、社員寮の食堂で飲んでいたんです。すると一人の同僚が、事務所に煙草を忘れたと言って取りに行きました。しばらくして帰って来た同僚は、小刻みに震えていました。

どうしたのかと皆で聞くと、事務所から戻ってくる途中で、第二倉庫の前を通ったそうなんです。すると、第二倉庫の入口から中へと、人影が消えていったそうなんです。こんな時間に誰かなと、不審に思った同僚は、そのまま第二倉庫の入口まで見に行くと、そこには、看護師姿の女性が、俯いて立っていたらしいのです。

思わず同僚が「あなたは誰ですか」と声を掛けると、そのまま第二倉庫の扉をすり抜けて、中に入って行ったというのです。

この話を聞いたその場に居た社員は、誰一人として笑う者はいませんでした。この数週間の間に、第二倉庫周辺での怪談じみた話が、いくつか噂になっていたからです。

私は次の日、近所のスーパーで塩を買うと、第二倉庫の入口に撒いてみました。効果があるかどうかよりも、怖がる社員のために何かしないといけない、と思ったからです。

しかし、やはりスーパーで買ってきただけの塩には効果はないのか、いや、効果がないどころか、その何者かをかえって怒らせてしまったとさえ思える出来事が、私自身に起きたのです。

その日は、月末の締めということもあり、夜遅くまで仕事をしていました。ようやく仕事を終えたのは、夜の八時過ぎでした。

片付けを済ませて、事務所の電気を消し事務所から出て、鍵をかけようとドアのノブに手をかけたその時、ふと、真っ暗な部屋の中に人影のようなものを見たんです。

何かなと思った私は、ドアの上部のガラス部分から部屋の中を見ました。暗い部屋の中にもかかわらず、はっきりとその姿が見えたんです。

さきほどまで私がいた事務机に座る、女性の看護師の姿でした。私は思わず叫び声をあげて、その場で腰を抜かしてしまったんです。その声を聞いた社員が、数名駆けつけて来てくれました。肩を借りて起き上がって、再び部屋の中を見た時には、もう誰もいませんでした。

この後も、女性看護師の目撃談は、なくなるばかりか、

「谷本さんの部屋のサッシ戸の所に、女性看護師さんの姿をした人が立っていまし

たよ」

とか、

「谷本さんの後ろに重なるように看護師さんが見えました」

など、その謎の看護師さんは、私の近くで目撃されることが多くなっていったんです。

次第に私の近くでばかり目撃されるようになり、正直、他の人とは違う恐怖を覚えました。得体の知れない存在が近付いてくるのですから……。なぜそうなるのか。この時は、もしかすると私が主任という立場なので、私に何かを訴えて来ているのだろう、ぐらいの考えしか思い付きませんでした。

そんなある夜、私が部屋で寝ていると、ふと人の気配を感じて目が覚めました。恐る恐る顔を上げると、そこには、数日前に事務所で見た看護師が、うなだれるように、首を下にした姿勢で、こちらに近付いて来たんです。私は体も動かず、声も出せない状態で、布団の上に横たわったままになっていました。

枕元までやってきた女性は、私の顔を覗き込みながら、

「私を、呼んでくれたの？　私を、呼んでくれているのよね」

私はとても怖ろしくて、なんとか首を横に振ると、スッと消えていきました。

この謎の看護師の噂は、社内で知らない者はいなくなり、残業を嫌がる社員や、

第二倉庫に行くのを怖がる社員が増えてきました。なかには、こちらの倉庫で働くなら、退社を考えたいという社員まで出てきました。

ここまでの事態になった以上、仕事に少々の遅れが出たとしても、原因を究明し、解決することが先決だと思いました。私自身も、このまま付きまとわれては、とてもこちらの倉庫にはいられなくなると思っていました。

とりあえず〝心霊事件〟の内容を本社の上司に報告しました。何を馬鹿なことを言っているのかと叱責されるか、一笑に付されるか、覚悟はしていました。しかし、上司の反応は意外なものでした。私が全ての報告を済ますと、何か心当たりがあるかのような口振りで、つぶやきました。

「本当にそんなことがあるんだなあ。女性看護師というのなら、間違いないかもしれないなあ」

上司がおもむろに語り出したのは、私が知らされていない驚きの事実でした。

実は、この新しい倉庫が建つ前、ここには数軒のホテルがあったそうです。ある日、そのいくつかあるホテルの一室で、殺人事件が起きました。その時殺されたのは、看護師をされていた女性だったそうです。

その事件からしばらくして、その周辺のホテルで、この看護師の目撃情報が数多く寄せられるようになりました。あまりに目撃例が絶えないために、それが噂となり、客足が遠のいたホテルはどこも経営状態が悪化、全て閉館したらしいのです。それらのホテルを取り壊して、新たに建てられたのが今の倉庫だったのです。

しかし――。この看護師殺人事件は、今から何十年も前の話で、なぜ最近になって頻繁に幽霊が再び出るようになったのか。きっと何か原因があるはずだと、私はこの事件について、詳しく調べることにしました。本社からも、しばらく仕事を休むことになっても、徹底的に調べるようにと許可も出ました。

とはいえ、インターネットや過去の新聞記事など、色々と調べてみましたが、なかなかこの事件に辿り着くことはできませんでした。

手詰まりで困っていた時、工場の近くに、一軒の小さなお寺があることに気が付きました。お寺なら長い間、同じ場所に建っているので、何か手掛かりがありそうだと思い、私はそのお寺の住職さんに話を聞いてみることにしました。

しかし、いざ行ってみると、お寺には人の気配が全くなく、本堂らしき建物もかなり傷んでいました。いわゆる廃寺なのだとすぐに分かりました。

そこで、三木住職ならば、あのお寺について何かご存知ではないかと思って、お訪ねしたのです。

谷本さんは、このような理由で、私の所にお越しになりました。

そこで私は、そのお寺の近くにある知り合いのお寺に問い合わせをしてみました。

すると、谷本さんの仰るお寺は、随分前に廃寺となっていることが分かりました。

しかもそのお寺はもともと既存の宗教には属していない、単立寺院だと教えていただきました。単立寺院とは、独自の宗旨を掲げ、既存の宗教とは違う宗派を作られたお寺のことを言います。

そのためか、このお寺のご住職がお亡くなりになられた後、跡継ぎにも恵まれず、そのまま廃寺となってしまったそうです。

私が随分と熱心にそのお寺について話を聞いたためでしょう、なぜあのお寺に興味を持っているのかと、知り合いのお寺さんのご住職が聞いて来られました。

そこで、谷本さんの会社での出来事をお話ししました。するとご住職は、その事件について詳しく知っていると仰るのです。

事件が起きたのは数十年前。近くに住んでおられた看護師さんは、お付き合いしていた男性に、別れ話のもつれから、絞殺されたそうです。

その葬儀に行かれたのが、さきほどから私が訊ねておりました、廃寺となったお寺のご住職だったそうです。

ですから、当時、あの廃寺の境内に、お墓が建てられていたと教えて下さいました。

谷本さんは、「もう一度、廃寺に行き、お墓を見てきます」と仰いましたが、私も大変気になりましたので、後日、一緒に廃寺を見に行くことにしました。

廃寺は、建物ばかりか敷地内も荒れ果てていましたが、墓地が確かにあったであろう場所を見つけることができました。墓碑がないところを見ますと、恐らく移転されたのでしょう。

「谷本さん、ここには何も手がかりはなさそうですね……」

私が声を掛けますと、谷本さんが、草木の茂みの中から、「ここにお墓が一つありますよ！」と叫ばれたのです。

私も茂みに入って行きますと、そこには果たして小さな墓石が建っていました。人の手が入らず何年も過ぎたのか、墓石は汚れています。しかし、辛うじて判別できる文字を繋ぎ合わせると……。

「ああ、そういうことか……」

墓石を見たことで、ようやく合点がいきました。その墓石には、こう書かれていました。

「谷本ゆかり」

主任の谷本さんと、被害女性の名字は偶然にも同じだったのです。

私たち二人の考えはこうです。

新しく建った工場で、「谷本さん」と名前が呼ばれるたびに、自分のことを思い出してくれた人がいたのだと、看護師の谷本さんは出てこられたのではないでしょうか。だから、「谷本さん」と呼ばれる時、決まってその近くにいる男性に「私を呼んでくれているのよね」と確認した。それが、同じ名字の「谷本さん」とは知らずに。

廃寺になったお寺に、どういった理由で置き去りにされたのかは分かりませんが、何年もの間、さぞかし寂しい思いをされたことでしょう。

谷本さんの調査によって事情が判明したので、谷本ゆかりさんのお墓を近くのお寺に移設し、供養していただくことになりました。以来、その看護師の霊は見なくなったそうです。

看護師の谷本さんは、数十年ぶりに自分の名前を呼んでもらえて、きっと嬉しかったのでしょうね。

お亡くなりになられた方も、生きている人間と同じく、誰にも名前を呼ばれなくなると辛いものです。

夜釣り

昔々、まだお釈迦《しゃか》さまが人間の姿となってインドにおられた時代には、多くの戒《かい》律《りつ》がありました。

やがて、ご病気になられ、間もなく涅槃を迎えようとされた時、お釈迦さまは弟子達にお話しになります。

「重要な戒律以外は、廃止しても良い」

その後、お釈迦さまが涅槃《ねはん》に入られ、弟子達は戒律について話し合いました。そして、お釈迦さまのご遺言通り、重要な戒律以外は廃止しようとなったわけです。

ただ、話し合いは難航を極めました。それは、どれを残して、どれを廃止すべきかという基準が分からなかったためです。結局、全ての戒律をこのままにしておこうとなりました。

もっとも、時代や環境の変化で、多くの戒律は、自然消滅していきました。たとえば、戒律の一つに「不蓄金銀宝戒《ふちくこんごんほうかい》」というものがあります。

これは、見習い僧侶の段階では、貯金をしてはいけないという教えです。食事や生活の面倒を全て見てくださる方がおられれば別ですが、おられない場合は、現代では、生活のために貯蓄が必要です。

もちろん、山林で自然に出来た草花や果実をいただき、川の水に渇《かわ》きを潤すということが出来るではないかとお叱りを受けそうですが、山林にも所有者がおられますし、採取する許可をいただいて……などと考えると、現実的ではないように思えます。

このように、昔の話し合いでは無くならなかった戒律が、現代社会において、環境や法律などの変化に伴い、自然と無くなって来ているわけです。

そんな中、よく議論に上るのが釣りです。

釣りは「不殺生戒《ふせっしょうかい》」――生き物を直接殺してはいけないという戒律に抵触するのではないかという論争があります。

魚釣りをされるお坊さんの中には、釣った魚の命に感謝しながらいただくので「殺生とはならない」とか、「釣っても殺さず、そのまま逃がす」、つまり食べないという方もおられます。

容易には答えは出せませんが、私の場合は、そもそも釣りをしません。いえ、厳密に言いますと、釣りに行くことが出来ません。

と言いますのも、出家以来、誰かに釣りに誘われて予定を立てても、前日の夜から、高熱が出ます。今まで何度も誘っていただきましたが、たとえ見るだけという約束でも、高熱が出てしまい、当日行くことが出来ません。相当に業が深いのかもしれません。ですから私の場合は、議論の余地なく釣りに行くことはありません。

さて今回のお話は、そんな釣りに纏《まつ》わるお話です。

ある男性が夜釣りに向かった先は——。


私は釣りが何より大好きで、釣りのために仕事をしていると言っても過言ではありません。食べる時間、寝る時間も勿体《もったい》ないと思うほどです。ですから、休日は必ずと言っていいほど、朝早くから釣りに出掛けるわけです。

ある休日、釣り船に乗り、ある無人島で釣りをするツアーに参加しました。

この島での釣りは、今までの釣り人生の中でも、とても面白い場所だったんです。島には、岩の切り立った場所があったり、断崖絶壁のようになっている場所があったり、また裏の方に行くと、比較的波の緩やかな場所があったりと、この島だけで色々な釣りが楽しめるんです。

しかし、ツアーには、必ず守らなければいけないルールがありました。それは、夕方五時には必ず島から出なくてはいけないというものでした。

私はここで夜釣りもしてみたかったので、何度かこのツアーに参加して、顔見知りとなってから、ツアーの主催者の人に、ここで夜釣りをしたいと頼んでみました。

しかし、この島を管理、所有している人との絶対の約束なので、それは出来ないと断られました。何度も何度も頼んでみたのですが、全て断られてしまいました。島の所有者の方に直談判までしましたが、結果は同じでした。なぜ駄目なのかをお聞きしても、昔からの決まりだというばかりで、納得のできる答えは返って来ませんでした。ここまで頑なに断られると、ますますこの島で夜釣りをしたくて仕方ありません。

そこで私は、小さなボートを借りて、昼間のうちに一人で島に行くことにしました。所有者にはもちろん、誰にも内緒で行こうと決心したんです。

その日の夕方、私は島の周りに他の船がいないタイミングを見計らって、島へと上陸しました。この日はツアーもやっていませんでしたので、島には私一人だけです。

私は、夜になるまでの間、持って来たテントを目立たない場所に張ることにしました。

夕方とはいえ、夏のことですから、まだ辺りは明るい。見つからないように、島の反対側、つまり、街の明かりが見えない海側にテントを張りました。

テントを張り終え、持って来たお弁当を広げて、早めの食事を摂りました。

誰にも見つからないように上陸し、テントを張って、食事をしながら夜を待つ。まるでスパイ映画の主人公にでもなった気分でした。

やがて辺りは黄昏時《たそがれ》を過ぎ、闇が少しずつ迫ってきました。私は夜釣りの用意をして、懐中電灯を持つと、先ずは岩場のある方に行くことにしました。

こちらは街と反対側ですから、少々懐中電灯を照らしたところで、誰かに気付かれる心配はありません。

岩場に着くと、私は竿を海へと降ろしました。すぐに手応えがありました。この瞬間、今までこの島での夜釣りが実現できなかったストレスなど一気に無くなりました。誰にも内緒で来ているという後ろめたさも一切合切です。私は夢中で釣りを続けました。

夜釣りの醍醐味は、なんと言っても夜行性の魚が釣れることです。穴子や太刀魚、なかには警戒心が強いため、日中には釣るのが難しいメバルなど、次から次へと釣れます。

しかし、良いことばかりではありません。海での夜釣りには危険が伴います。それは、周りが殆ど真っ暗なことで、月が出ていない日などは、特に周りが見えなくなります。現代人は、パソコンやスマホを日常的に見ているせいか、特に暗闇では視野が奪われてしまいます。

この時も、月は出てはいたのですが、時々雲に隠れると、やはり懐中電灯が無ければ真っ暗になりました。この岩場での釣りは、これ以上は危ないと思い、他の場所に移動することにしました。

今度は、比較的平坦な場所で釣りを再開しました。

時折、海面を懐中電灯で照らします。魚を刺激するためです。何度か点けたり消したりしていると、数十メートル離れた海の上で、一瞬ライトのような物が光ったように見えました。

もしかすると、誰かが見回りにでも来たのか。それとも漁船がこちらのライトに気が付いたのかもしれない。私は一分ほど懐中電灯を点けずに、光った海の方をじっと見ていました。しかし、再び光が点くことはありませんでした。

それからは、極力懐中電灯を使わずに釣りを続けました。恐らく一、二時間は経過したと思うのですが、再び海上にライトの光のようなものがパッと光ったのです。

私は、再び微動だにすることなく止まっていると、光はふっと消えました。

やはり誰かが私の存在に気が付いているのではないだろうか……。この場所も移動した方が良いかもしれないと思い、釣り道具を抱えた、その時です。

再び海上にライトが光って、その光がこちらに向かって大きくなって迫って来たのです。

やはり誰かに見つかったか。見つかれば、不法侵入罪に問われるかもしれませんし、何より今後この島に日中であっても入れてもらえなくなるのではないかと急に心配になりました。そこで急いで海辺を離れ、島の中の方に身を隠すことにしたんです。

島の真ん中辺りは、木々が鬱蒼と茂っておりましたから、身を隠すのには苦労しません。木々の間に身を隠して、そこからさきほどの光の動きを見ることにしました。

光はやがて、島の海岸辺りにまでやってきました。その光の正体が、隠れている場所からはっきりと見えたんです。

それは、一艘の小舟、それに乗った三人の人影でした。彼らは、着岸すると船から降りて島に入って来たんです。海岸の浅瀬をバシャバシャと歩く音が闇夜に響きました。

許可無く島に入り込んだ私を探しに来たのか。いや、もしかすると、あいつらも夜釣りをしに来たのかもしれない。そんなことを考えながら、私はその場を動かずに彼らの様子を見ていました。彼らが何やら話している声が聞こえてきます。

「右、大丈夫か。左、大丈夫か」

どうやら左右の海岸を確認している様子でした。

話の仕方や、左右を大きく指さしながら確認しているさまを見ていると、彼らは釣りをしに来たわけではないと確信しました。恐らく海上保安庁か自衛隊による見回りか何かに違いないと思いました。

すると三人は、海岸に異常なしと確認すると、私のいる方に進んできたんです。

このままここにいると見つかってしまう。そう思った私は、さらに島の中に入ることにしました。

私はこの島には何度も来たことがありましたが、こんなに島の中央部にまで入り込んだことはありませんでした。

島は、中央に向かうに連れて、小さな丘のようになっており、釣り道具を持っての移動はなかなかの重労働です。どこかに隠す場所はないかと丘の頂上を目指すように斜面を上っていると、昔、何かがここに建っていたのか、ブロックが積まれて出来た、小さな部屋のような建物があったのです。

私はそのなかに入って、あの三人がどうしたか、ちょうど窓のようになっている部分から、外の様子を見てみました。

するとあの三人が、私の来た道をそのままこちらに向かって歩いて来ているのです。

まずい、もう少し距離を取らないと見つかってしまう。さらに移動しようとしてはじめて気が付いたのですが、辺りには、打ちっ放しのコンクリートで出来た建物や、レンガで出来た建物が、点々と建っていたのです。

私はその中でも、随分と外壁が傷んではいましたが、以前トイレとして使われていたであろう建物に身を潜めました。

ここを選んだのは、大人が三人、もしも腰掛けたり休んだりするとしたら、広い場所を選ぶだろうと思ったからです。

少し落ち着くと、テントは見つからないだろうか、乗ってきたボートは見つからないだろうかなど、色々な心配が頭をよぎりましたが、そんな余裕もすぐになくなってしまいました。

「ガサッ、ガサッ」

彼らの足音と気配がすぐそこまでやって来たのです。私は息を殺して、その場に膝を抱えて座り込みました。

どうか見つかりませんように……。心の中で何度も呟きました。すると、近づいて来た足音に、変化がありました。

「コツッ、コツッ」

と、堅いコンクリートを踏む音に変わったんです。

私はゆっくりと立ち上がり、音のする方を見ました。

すると、私のいるこのトイレから、少しだけ離れた建物の中に三人が入っているのが見えました。

そして「カチッ、カチッ」と何やらライターのような物を擦って、草木を集めた所に火を点け、小さな焚《た》き火を始めたのです。

恐らく少し休憩をした後、島を出て行くに違いない。そう思いながら、三人の様子を窺っていました。

三人の服装は、警察や自衛隊の制服に似ています。

ただよく考えてみれば、警察でも自衛隊でも、巡回の途中、さぼって焚き火をしているのは、何かおかしい気がしました。そこで再び目を凝らして、三人の服装を確認してみると、どうやら軍服だと気が付いたんです。なぜなら、一人の男性の左腕に腕章が巻かれており、「憲兵《けんぺい》」と赤い字で書かれていたからです。それに、三人とも、軍刀のような物を持っていました。

一体彼らは、何者なのか。もしも昔の兵隊の霊でも見ているのであれば、ここまではっきりと見えるのだろうか……。

三人は小さな焚き火を囲んで、何やら話をしていました。一人がポケットから一枚の写真を取り出して仲間に見せています。

「そうか、お前には子供がいたな」

「はい、今、五歳です。この子を守るため、将来を守るためにも、この場所を守り続けます」

「そうです。それが私たちの使命ですから」

時空を超えた、昔の兵隊の会話。隠れて聞いている私は、とても恥ずかしくなって来ました。なかには、こんな内容の会話もあったからです。

「私たちが命をかけて守っていけば、清き正しき日本人が平和な時代を迎えてくれる。そこには、善悪の分別を持った大人達が、互いに和を以て、争いのない世の中を築いてくれるに違いない」

過去の先人達は、命をかけて私たちの未来を守ろうとして来てくれたんです。にもかかわらず、私は島の所有者に許可も取らずにここに来ました。勝手に来て、勝手に夜釣りをして、私のご先祖様にも申し訳ない気持ちでいっぱいになりました。そして、今すぐにでもこの島を出ようと考えました。私はトイレからゆっくりと出ると、ボートを止めている場所に向かうことにしました。

ガシャン！

暗くて気が付かなかったんですが、足下のバケツにつまずき、大きな音を出してしまったんです。しまった、と思った時にはすでに手遅れでした。

「誰だ」

大きな声を出しながら、兵隊がこちらに向かって走って来ます。

私は無我夢中で、必死になってボートの方に向かって逃げ出しました。しかし、荷物は持っているし、普段から体を鍛えて訓練をされている人達に敵うはずがない。これ以上逃げても無駄だと諦めました。

「すみませんでした」と釣り道具を置いて両手を上げました。そして大きな声で「日本人です。私は日本人です」と叫んだんです。そうすると兵隊の足音がピタッと止まりました。

さっきまで、生身の人間だと思っていましたが、ここまで来て、すでに亡くなっておられる兵隊の霊なのだと、なぜか確信しました。だから、無意識に言葉が出ました。

「今はもう戦争はとっくに終わってるんです。どうか成仏してください」

少し間があって、兵隊はこう言いました。

「戦争が終わってるって？」

私は兵隊の姿を怖くて見ることが出来ず、目をつぶったままで、大きく頷きました。

すると兵隊は「ははは」と、軽く笑い声をあげました。

「そんなことはもうとっくに知ってるよ。知っているけれど、今も僕たちはここを守り続けているんだよ」

　その言葉が終わるや否や、人の気配が全くしなくなったんです。そして、恐る恐る目を開けると、そこには三人の姿はありませんでした。呆然と立ち尽くす私だけしかいませんでした。

　翌日、私は島の所有者の方に、無断で島に入り込んだことを謝りに行きました。

「ああそうでしたか。いや実はねぇ、昨日ちょうど光が島に入って行くのを近所の方が見たそうなんですよ」

「それはどういうことですか」

「この島には、昔、砲台があったんです。この砲台のあった島でたくさんの兵隊さんがお亡くなりになりましてね。ですから今も島の一番高い場所に祠《ほこら》を建てて、定期的に供養をしているんですよ。

　その供養をした時、あるいは誰かが勝手に入った時には、島の近くにぼうっと火の玉のようなモノが現れるんです」

　私が何か近寄ってくると思ったあの海の上の光。もしかすると兵隊達の魂だったのかもしれません。

　実に不思議なお話です。

最初に書かせていただきました、戒律の話ですが、戒律は何のためにあって、それは誰のためなのかということを知らなくてはいけません。

戒律は、自分のためにあります。そして、その目的は、自分を守るためなのです。自分を自制し、他に極力迷惑を掛けず、悟りの境地に近づくために戒律はあるのです。

現代人が、規律を持って、各自戒律を守っていれば、ご先祖様やお亡くなりになった方々にも、安心してお休みいただけると思います。

今回のお話は、私たち、生きている人間が、内省しなければならないことを三人の兵隊さん方が、教えて下さったようにも感じました。

なぜなら、あの兵隊さん方が、男性の存在に気が付いていないはずはないと思うんです。恐らく、現代を生きる私たちに対してのメッセージを送るために、わざと話を聞かせて下さったのではないでしょうか。

そして最後に男性はこう仰いました。

「今思うと、あの暗闇ではっきりと兵隊さんの姿が見えたこと、声が聞こえたことなど、理解しがたいことは沢山あります。

私もそう思いますし、この話を誰一人として信じてくれなくても、頭がおかしいと馬鹿にされたとしても、そんなことはどうでもいいんです。過去の先人達のお陰で、今があることは間違いのない事実ですから」
私たちは、ご先祖様をがっかりさせない生き方をしなければいけませんね。

朝生

関西には、月参りという風習があります。

これは、檀家さん宅に、お坊さんが行って、その家の仏壇に月一回お経を挙げるというものです。

私が住職になった当初、檀家さんはかなり少なく、月参りも数軒しかありませんでした。そんな一軒に、老夫婦が和菓子屋さんをされているお宅がありました。私はお参りのたび、和菓子を出していただきました。いつもとても美味しくて、お饅頭をついつい五個もいただいてしまったこともありました。

なぜ美味しいかといえば、この和菓子が「朝生《あさなま》」だったからです。朝生とは、朝、生まれたての和菓子のことで、その日の内に売り切ってしまう予定の物です。

私はこの朝生という言葉に感動しました。和菓子は作るのではなく、生まれて来るということです。朝早くから、お饅頭を毎日、生んでおられるわけです。生み出されたお饅頭は、その後、私の口やお客さんの口に入ります。

これは、お饅頭という生命を生み生かしているわけです。お饅頭の中には、生気が満ち満ちていて、それが口の中、お腹の中に広がって行くわけです。

お魚やお肉といった食べ物と同様、和菓子も生き物なのです。

そんなご夫婦には、息子さんがいらっしゃいます。息子さんは結婚され、会社にお勤めになっておられます。

私が時々息子さんご夫婦は、お元気ですかとお聞きすると「どうでしょうかね。元気だと思いますよ」と他人事のように言われます。

「息子さんご夫婦と何かあったんですか」とお聞きしても、話したくないといった感じで、何も話してくださいませんでした。

それから月日は流れて、お婆さんがお亡くなりになられました。そのお葬式の席で、息子さんの奥様が「お義母《かあ》さん、至らぬ嫁でごめんなさい。今まで有り難う御座いました」と棺に向かってお話しされていました。

お嫁さんという立場と、義理のご両親という立場で、何か色々とあったんだろうと、私は深くお聞きすることなく、葬儀を終えました。このお葬式のあと、和菓子屋さんは閉店されました。

そしてその数年後、お爺さんもお亡くなりになられました。その葬儀でも、息子さんの奥様は、お爺さんの棺に向かって、謝罪とお礼を言っておられました。

私は、大抵の場合、嫁姑問題や人間関係などは、両方に言い分があり、どちらかが一方的に悪いのではないと思います。辛いことや悔しいこともあったと思います。しかし、奥様の涙を流しながら懸命に謝っておられる姿に、人間としての美しさを感じました。それ以降、月参りは、息子さんご夫婦がされるようになりました。

そんなある日、奥様が膝を悪くされました。パートで勤めておられるお仕事が、長時間の立ち仕事であるためです。

前から痛みがあったそうですが、我慢をして仕事をされていたそうです。しかし、それも限界になり、お仕事を辞められました。

このまま歩けなくなってしまうのではないかと、月参りに寄せていただくたびに、心配されていました。私も医学的なことは分かりませんが、足が良くなりますようにと、先祖供養とは別に、お経を挙げさせていただきました。

その頃からです。月参りに寄せていただく中で、不思議な感覚になることがありました。

それは、読経中のことです。お爺さんとお婆さんの気配を時々感じるのです。毎回というわけではないのですが、月によってそう感じることがたびたびありました。

そうこうしているうちに、奥様の膝の痛みが和らいで、今では普通に歩けるまでに回復されました。不思議なことに、それ以来、お爺さんとお婆さんの気配は感じなくなりました。もしかしたら、お爺さん、お婆さんが、治しに来られていたのかもしれません。

　そこで私は、葬儀で奥様が謝っておられたことを思い出したのです。なぜあの時、謝っておられたのか、老夫婦と何があったのかが気になりました。しかしそれをお聞きするタイミングもなく、月日は流れていきました。

　ちょうどお婆さんとお爺さんの年回忌が近づき、日時についての打ち合わせを済ませた次の月のことです。いつものように月参りに行きますと、奥様が不思議なことが起こったと教えてくださいました。

　それは、壁に掛かったからくり時計が、触ってもいないのに、勝手に動き出したということでした。

　そのからくり時計は、真ん中に針の時計盤が付いており、その上には、ダンスを踊る人形がクルクルと回る仕組みになっています。そして更にその上には、窓が開くと白い鳩が飛び出す仕組みになっています。この時計が、ある日突然動き出したと仰るのです。

　ただ、動き出したということだけであれば、何かの拍子にとも考えられるのですが、この時計には電池が入っていない。電池が入っていないにもかかわらず、勝手に動き出したというのです。

　私はこのようなお話をよくお聞きしたり、体験もしますので、不思議な現象には慣れています。電池がなくても動く物は沢山あって、そのこと自体は珍しいことではないんです。そういうこともあるでしょうとお答えして、月参りのお経を挙げ始めた、その時です。

久しぶりに感じたのです。あの老夫婦の気配です。私の背後に立つお二人を強く感じて、読経中、振り向こうかと迷ったくらいです。

お経の最後に、お位牌にあるお戒名を順に読み上げていると、老夫婦のお位牌を白い影が二つ、フワフワと横切るのが見えました。

そして、言葉では表し難いのですが、霊的感情とでもいうべきものが伝わってきたのです。老夫婦が何かを伝えたいと望んでおられる――。

お経を終えて、私は奥様に、まず、今までお聞きできなかった、嫁姑の関係。そして、葬儀の際に、あれほど謝っておられたのは、なぜなのかをお聞きしました。

私はここに嫁いで、子供も授かり、幸せに過ごしていました。もちろん、家風の違いは時々感じましたが、それはどこにでもあることと、さほど気にはしませんでした。

そんなある日のこと、子供が小学校で、友達と喧嘩して帰って来ました。学校の先生からも連絡があり、子供にも注意しました。

その様子を見ていた義父母は、孫を厳しい口調で叱りつけました。

「そんな子は、この家にはいらん」

それはいくら何でも言い過ぎだ。私は納得ができず、義父母に思わず食ってかかりました。

それでも訂正してくれない義父母と口論となって、私は家を飛び出しました。飛び出したものの行く当てなどありません。少し気持ちを落ち着かせようと、近くの公園に行きました。

そこには大きな木が立っていました。まるで感情的になった自分の気持ちを見下ろされているようで、どうしてそう思ったのかは分かりませんが、力をいただけそうな気がしました。

「どうか力をください」

その木に触れようとしたその瞬間、「触るな！」と大きな声が聞こえて来ました。周囲には誰もいません。ただ大きな木があるだけです。

これは、感情的になった私を戒める声かもしれない……。反省した私は、自宅へと帰りました。

でも、義父母から言われた言葉を完全に忘れることが出来ないまま、お別れの時を迎えてしまったんです。ですから、葬儀の時に、感情的になった私を許してくださいと棺に謝罪したんです。


私は、そういうことだったのかと納得しました。そして、奥様に尋ねました。

「からくり時計が鳴ったのはいつですか」

その答えは、お婆さんの命日のちょうどひと月前でした。

恐らく、来月の自分の命日までに、奥様に伝えたいことがおありだったんでしょう。


私が感じた説明の出来ない霊的感情は、このお話を聞かせていただいて、整理がつきました。

その霊的感情は、凄く悪いことをしたという反省の気持ちと、謝罪出来なかったことへの後悔の思いでした。老夫婦は「申し訳なかった」と伝えたかったに違いありません。


このお話をさせていただきますと、奥様は大粒の涙を流されました。そして、涙を流されている奥様と、老夫婦のお姿が、私には重なって見えました。

言葉というものも、「朝生」なのだと思います。

朝生同様、言葉も作るものではなく生まれてくるものです。ですから言霊《ことだま》という言葉もあるのではないでしょうか。咄嗟に出た言葉も、生命を帯びます。悪い言葉を発してしまっても、すぐにその場で「ごめんなさい」とお詫びできたなら、長い時間を苦しまなくて済むのかもしれません。

しかし、それがなかなか出来ないのが、人間というものなのでしょう。

怖がり

「私、極度の怖がりなんです」と、ある女性が仰いました。

怖いという感情は、一種の防衛本能だと私は思っております。と言いますのも、私は高所恐怖症なのです。

人間は高いところから落ちますと、怪我をするか、悪くすると死んでしまいます。その危険を避けるためには、怖いという感情が必要なのではないでしょうか。

そういった意味では、怖がりは、防衛本能に優れているとも言えるかもしれません。

しかし、今回この女性が仰る「怖い」は、物理的な恐怖ではなく、霊的恐怖なんだそうです。

霊的なものに対して怖がりな方には、想像力が豊かな方が多いのかもしれません。

例えば、坂道で自転車のペダルが重くなった時、もしかしたら目に見えない何者かが、後ろに乗っているのではないかと思ったり、或いは、肩が凝って重くなった事を霊が肩に乗っているのかもと思ったり、想像が霊的現象に偏っているのかもしれません。

　また或いは、単純に霊的感性に優れていて、未だ科学で解き明かされていない世界に入り込み易いのかもしれません。

　さて、霊的なものに対して、極度の怖がりだと仰るこの女性は、一体どちらなのでしょうか。


　私がアルバイトをしているのは、百貨店の八階に、テナントとして入っている飲食店です。

　この時は、コロナ禍と言うことで、時短要請の影響で、営業時間の短縮が続いていました。

　それによりこの日は、閉店が午後八時となっていました。ですので、ラストオーダーは、午後七時半に設定されていたんです。

　私はラストオーダー十五分前くらいから、各テーブルを回って、追加注文がないかどうかを聞いて回りました。

　大抵のお客様が、時短営業中で、あと三十分で閉店なのを知っておられるので、追加注文は、飲み物が数点といった感じでした。

　ラストオーダーを聞き終わると、お店の前に、クローズの看板を立てるのですが、立てるのと同時くらいに、一人の中年男性がまだ入れるかと聞いて来られました。私が厨房に居る店長の方に目をやると、店長は入って貰うように口パクで伝えてきたんです。

その時点で、ラストオーダー五分前でしたので、私は「あと三十分で閉店ですが大丈夫ですか」と言いました。

すると男性は、かまわないと言って来たんです。私は閉店後に、店の掃除や後片付けがあるので、この時間からは正直、入店して欲しくはなかったんです。ですから私は少しめんどくさそうにこう言いました。

「注文からお食事の提供までお時間が掛かりますし、食べる時間は十五分から二十分くらいになると思いますが、それでも大丈夫ですか」と、早口で、あからさまに嫌がっているという感じで伝えました。それでも男性は、かまわないと言うので、仕方なくその人を席に通して注文を聞きました。

案の定、このお客さんがお店を出たのは、閉店時間を十五分ほど超えた頃でした。

私は、すぐに食器を食洗機にかけると、店内の掃除に取りかかりました。各テーブルを拭くと、その上に椅子を逆さにして置いていきます。それが終わると、掃き掃除をします。次にはゴミをゴミ袋に入れて、ゴミ集積所まで持って行かなくてはいけません。

普段であれば、アルバイトが最低でも二人はいるのですが、コロナの影響でお客さんが激減していたので、バイトの人数が減らされていたんです。ですから、掃除をするのにもいつもよりかなりの時間が掛かりました。

厨房に行くと、店長が食洗機の扉を開けて、何やら覗き込んでいました。

どうやら、私がスイッチを入れた後、上手く作動していなかったみたいで、中の食器が洗われていなかったんです。

今までもこの食洗機は調子の悪い時があって、この日はとうとう何も動かなくなってしまったんです。

明日までこのままにしていると、ネズミやゴキブリが出るかも知れないので、仕方なく食器を手洗いすることになりました。

私が洗っている最中も、店長は食洗機を直そうと頑張っていたようですが、上手くいかなかったみたいです。

やっと食器が洗い終わると、店長がいつもより仕事が多かった私を気遣ってか、オレンジジュースを出してくれました。

正直、私はすぐにでも帰りたかったのですが、折角の店長の好意なので断れず、グラスに入ったジュースを一気に飲み干しました。

コロナの影響で、最近はスポーツジムが閉店しているらしく、体を鍛えるのが趣味の店長は、ゴミ袋をダンベルのように、持ち上げたり下ろしたりしながら私にこう言ってくれました。

「本当に遅くまでお疲れ様、助かったよ。ゴミは俺が集積所に持って行くから、先に帰って貰っても大丈夫だよ」店長は、私が急いで作業をしている理由を知ってくれていましたので、そう言ってくれました。

「そうですか、それじゃお先に失礼します」私は、バイトの服を着替えると、急いで店を出ました。

実は私には、急いで帰りたい理由があったんです。時短要請の影響で、百貨店の一部店舗は閉店していました。もちろん、百貨店自体も早くに閉まってしまいます。

この日も、既にエスカレーターは止まっていました。急いでエレベーターに乗り、一階を押しました。しかし既に遅かったんです。

「ランプの点滅しない階には止まりません」感情の感じられないアナウンスが流れました。

この百貨店では閉店後、社員専用出入り口以外は閉まってしまいます。ですので、一旦、三階で降りて、その階の社員専用出入り口に行き、そこから階段で地下にある社員専用出入り口に行かなくてはいけないんです。

私が早く帰りたかった理由は、これなんです。

最低限の電気しか使われない建物内は、薄暗く、自分の歩く靴音だけが、コツコツと響きます。それが反響すると、誰か後ろから後を付いてきているような錯覚まで感じてきます。

子供の頃から怖がりで、怪談やホラー映画なんかは、今でも大の苦手なんです。そして、地下の社員出入り口なんですが、外へと繋がる扉までの通路が一番苦手な場所で、とても暗く、ホラー映画に出て来そうな雰囲気がするんです。この百貨店が建った頃は綺麗だったんでしょうが、お客さんからは見えない場所だからか、一見すると廃墟かなと思えるくらいなんです。

平常営業の時は、商品の運び込みをする人などが時々いるんですが、時短要請が出てからは、極端に人が減り、私一人で通路を歩かなくてはならないので、それは避けたいと思っていたんです。

一人であの地下に行くことが怖い私は、一旦エレベーターから出て、店長を待つことにしました。

待っている間、周りを見ると、エレベーターに視線を向けているマネキンに気が付きました。このエレベーター前は、アパレル関係のお店が幾つもあり、店舗ごとに立っているマネキンが「私を見て」と言わんばかりにポーズを取っていました。

誰もいない店内で、誰かが来るのを待っているマネキンは、まるで今の私みたいだと考えると、何故か恐怖心が大きくなってきました。

「店長早く来てくれないかな」特に店長が悪いわけではないのですが、なかなか来ない店長に苛立ちを覚えました。

これは私だけかもしれませんが、人を待つとか何かを待っていて苛立つと、トイレに行きたくなるのです。この時が正にそうでした。それに、お店を出る時に店長が出してくれたジュースの影響もかなり大きかったと思います。

トイレに行きたくても怖くて行けない私は、なかなか来ない店長を迎えに行くことにしました。

店の前まで行くと、クローズの看板の向こうは完全に電気が消えており、店長の姿もありませんでした。

「店長、居ますか」私は店外から声を掛けましたが、全く返事がありません。まるで異世界に、一人だけ取り残されたような気分になりました。

お店を出た私は、エレベーター前まで行きました。その前にずっと居たので、店長が階下に降りているはずがありません。

直ぐに私は店長の携帯電話に電話をしました。しかし、店長の携帯電話からは「電波が届かないところに居るか、電源が入っていないため、お繋ぎ出来ません」というアナウンスが流れるだけでした。

そこまできて気が付いたのですが、もう一つ階下に降りる方法がありました。それは、社員用の階段です。

普段は社員用なのですが、非常時にはお客さんも使えるように、幅の広い階段があるんです。ですから、ゴミ袋を幾つも持った状態で降りようとしても、十分に降りられる階段なんです。

しかも、店長の趣味は体を鍛えることですから、恐らく八階から地下まで、運動のためということで降りていったに違いありません。いつも、仕事中は携帯電話の電源を切っているので、今、階段を降りている最中なのだと思いました。

と言うことは、今この階には、私しかいないということです。それに気が付いた私は、再び急いでエレベーターの所に向かいました。

誰かが使用したのか、エレベーターは三階に降りていました。人間は、嫌な時間は長く感じると言いますが、まさにこの時がそうでした。

「早く来て欲しい」そう思うのですが、表示板の電灯はゆっくりとしか進んで来てくれません。

やっと到着したエレベーターに、私は無事乗り込むことが出来ました。三階のボタンを押し「閉」と書かれたボタンを押すと、数秒遅れて「扉が閉まります」とアナウンスが流れました。

ゆっくりと閉まっていく扉の隙間から、虚しくポーズを決めるマネキンの姿が最後まで見えていました。

エレベーター内は、先程まで居た場所と違い、営業中と同様に明るく、一息つくことが出来ました。安心したせいか、先程よりも腹痛が酷くなってきました。

エレベーターは三階に着き、扉が開きました。明るいエレベーター内から見るせいか、先程までいた階以上に暗く感じました。

私は殆ど周りを見ることなく、俯いた状態で、駆け足で社員専用出入り口に繋がる扉へと向かいました。

扉には「社員専用」というプレートが貼られていました。その扉は重たい鉄製で、横幅も普通の扉より一回りくらい大きなものです。

扉を開けると「キーーー」と鉄のさび付いた部分が音を立てます。私はそのまま階段を、再び駆け足で地下まで降りていきました。

地下には、再び鉄の大きな扉があります。その扉を開けると、私が一番怖い地下通路になっています。

地下通路に出ると、クーラーがかかっているのかと思うくらい涼しかったです。そして、何故か湿ったカビのような匂いが漂っていました。

先程までとは比べものにならない恐怖を感じながら、出口のある方を見ると、丁度向こうから警備員さんが来られました。

「遅くまでご苦労様です」その警備員さんは、明るく声を掛けてくださいました。

「お疲れ様です。これから見回りですか。私は出口に行くんですけど……」もしかしたら一緒に出口まで行ってくれるかもしれないと期待して聞いてみました。

すると「そうですか。先程男性の方が出て行かれましたが、恐らくあなたが最後かもしれませんね。私はこれから上の階まで、人が残っていないか見回って来ます」と、私の期待とは裏腹にそう答えられました。

「そうですか」私は少し期待していただけに、がっかりしてそう答えました。

すると驚いたように私の顔を覗き込みながら、警備員さんが、不思議な質問をしてきました。

「もしかして、何か見たんですか」私は一瞬、何のことか分かりませんでした。

「えっ、見たって何をですか」驚く私に警備員さんは「いや、何でもないです」と話をはぐらかしました。

もしかすると答えが怖いものかもしれないと感じた私は、これ以上聞くのをやめました。

警備員さんは、軽く会釈をすると、鉄の扉の中に入って行かれました。

一人になった地下通路で、私は出口に向かって歩き出そうとしたのですが、その時、耐えきれないほどの腹痛が襲って来たんです。

このまま出口に行ったとしても、近くにコンビニはありません。近くの店舗もとっくに閉店しているはずです。

地下通路の外への出口とは逆の方向に、トイレの案内板が見えました。

一瞬、出口とは逆方向に行かなくてはいけない事に抵抗を感じましたが、もうそんな事を言っている場合ではありませんでした。痛みというものは、恐怖心を和らげてくれるのかもしれません。

私は腹痛が酷くて、もう走ることも出来ませんでした。ただトイレの案内板の矢印の差す方向へと、薄暗い地下通路をゆっくり歩いて行ったんです。

案内板から少し進んだ所にトイレはありました。扉には男女を示すプレートが貼られていたのですが、どちらが女子トイレか分からない、昭和なデザインの物でした。幸い、黒と赤で区別されていましたので、私は赤いプレートの方に入りました。

中はとても広く、壁の両サイドの個室の一つに、私は急いで入りました。やっとの思いで用を足していると、先程まで忘れていた恐怖が蘇って来ました。トイレ自体は広く感じたのですが、個室一つ一つは横幅が狭く、やはり昭和に作られた物だと思いました。

消すことが出来ないのか、お客さんが使用しないからか、今では珍しく、壁に落書きがされていました。

落書きには、イニシャルで悪口が書かれていたり、給料が安いなどの文句のような物ばかりが書かれていました。そんな中、足下の目立たない所に、何やら小さな文字がありました。そこにはこう書かれていたんです。

「決して上を見てはいけない。目が合うと石にされる」

私はゾッとしました。勿論、冗談か何かで書かれたものなのでしょうが、今の私にはとても恐怖を感じるものでした。

「早く用を済ませて帰ろう」

私が用を済まし、個室から出ようとしたその時です。

「ギー、バタンッ」と、扉の音がしました。

「誰かが入って来たのかな」その割には足音が全くしませんでした。

私は怖くなり、個室トイレの中で様子を見ることにしました。

「ゴホッ」誰かの咳払いのような声がしました。

「やっぱり人が入ってきたんだ」私は人が近くに居てくれるという安心感を感じました。

しかしそれは、一気に恐怖へと変わっていったんです。

咳払いの後、急に低くハスキーな叫び声が聞こえて来ました。

「あーーー、あーーーー」

私は恐怖のあまり、足が震えて来ました。それでも「ここに居るのは危険だ」と思った私が、思い切って外に飛び出そうと決心した、その時です。

「あーーー、あーーーー」という声が、さっきより近くに聞こえて来ました。

そして急に、ピタッと静かになったんです。

一体何が起こっているのかと、私は反射的にトイレの上を見てしまいました。

青白い足の裏が二つ見えたんです。

更に良く見ると、見たことのない髪の長い女性が、私の頭上に浮いていたんです。

そして、その女性は、見下ろすように私を見ていたんです。

私は恐怖のあまりその女性を見たまま、石のように固まってしまいました。

するとその女性は、私の目をじっと見つめながら、カッと目を見開いて、再び
「あーーー」という奇声を上げました。

その瞬間私は、あの落書きを思い出しました。

「決して上を見てはいけない。目が合うと石にされる」私は目を閉じて、下を向きました。

その瞬間、私の体に力が戻ってきたように感じました。

そのまま私は目の前の扉を押し開けると、地下廊下へと飛び出したんです。そし

て、一気に外に繋がる出口へと走りました。誰にも邪魔されることなくやっと、私は外に出ることに成功したんです。

もう二度とこんな思いをするのは嫌だと、次の日、店長に昨夜体験した話を電話でしました。そしてバイトを辞めさせて欲しいと言いました。

勿論、昨夜の話を信じてくれるとは思いませんでしたが、全てを話してみたんです。

すると店長は、こう言ったんです。

「そうか、君もか」と。

「どういう意味ですか」私は怖いながらも、その意味について聞きました。

「実は、君の使ったというトイレ、そこには実在しないんだよ。いや、正確にはあるんだけどね」

「どういうことですか」

「実は、地下通路のトイレは、配管やら何やらが古くなったので、使えないように入り口を壁にしたらしいんだよ。だから、壁を潰せば昔のトイレが出てくるらしい」そんな話を店長はしてくれました。

そして、そのトイレには、少し悲しい話があったそうです。

百貨店が建った当時、今よりも社員が多くいたそうです。そして、他の百貨店やショッピングモールとの競争もあって、今でいうブラック企業化していたそうです。社内では、過労死やいじめ、無報酬残業なんかも日常化していたといいます。

その時、一人の女性が、あのトイレで首つり自殺をされたそうです。それが切っ掛けになり、百貨店では社員の仕事量の見直しがされたんだそうです。

このトイレは、今は使われていないのですが、私を含め、数名のアルバイトが、同じような経験をしたと言うことで、テナントの一部の経営者には、百貨店から話をされたようです。

店長は一度、百貨店側に、その女性の供養や、過労死された方々の供養をするようにお願いしてみるとのことでした。

そして最後に店長は私にこう言いました。

「アルバイトの社員証を返して貰わなくてはいけないから、取りに行くよ」

しかし、私はあの時、あのトイレに社員証を忘れて来てしまったんです。そのことを伝えると「仕方がないか」と許してくれました。

もしかすると、壁の向こうのトイレの中に、私の社員証が落ちているかもしれません。

お話しくださった女性は、百貨店が勿論、供養をしたとは思いますが、私も個人的にしたいと仰って、お寺でお経を挙げさせていただきました。

トイレに出たと仰る女性の霊ですが、誰かに自分の無念を知って欲しかったのかもしれません。たまたま波長の合った人に、それを訴えておられたのでしょう。

二宮金次郎《にのみやきんじろう》さんという思想家の方がおられます。時々小学校で、薪を背負いながら本を読んでいる銅像の方です。

この方の言葉とされている名言の一つに、次のような言葉があります。

「道徳なき経済は罪悪であり、経済なき道徳は寝言である」

経済ばかりに目を奪われると、果ては命を失うことになるかもしれません。かといって、お金なんてどうでも良いと、経済の事を考えなくなると生活が出来ません。

この道徳と経済のバランスが難しいですね。

子供の能力

「未来って決まっているんですか」

そう尋ねられたのは、大谷さんという知り合いの保育士さんです。

この質問の答えは非常に難しいです。現時点でどのような選択をするかによって、未来は変化しますので、未来はまだ決まっていません。

しかし、原因があって結果が生じますから、そういう意味では、選択をした時点で未来はある程度決まっているとも言えるかもしれません。

「なぜそのようなご質問をされるのですか」

私は、ご質問の意図を探りたくて問いを返しました。

「実は、信じていただけるかどうか分かりませんが……」

大谷さんは、なぜかとても悲しそうな表情を浮かべながらお話をしてくださいました。

私の勤めている保育園では、園児を百人ほど預かっているんです。その中には、障害を持つ子供さんが数人おられます。障害をお持ちのお子さんを私がお世話することになりました。

というのも、私は普通の保育士とは違い、「加配保育士」といって、障害のある園児さんを担当する役目を担っているんです。

加配保育士には、ただ障害をお持ちの子供さんを見るだけではなく、もう一つの役割があります。それは、その子供達の保護者の方々の相談に乗ることです。たとえば、日常の生活のことから、保育園を卒園後、小学校はどこに進学させるべきか、といったことなど、多岐にわたって相談に応じます。そんななか、とても不思議な子供さんと出会ったのです。

その子は和也君といって、発達障害を持っている男の子で、大きな声を突然出したり、時々脈絡のないことを口走ったりします。それでも、小さいお子さんばかりなので、特にそれをおかしいと感じる子供はいません。ですから毎日、楽しく過ごしてくれていました。

そんなある日、その子のお母さんから、子供のことで相談したいことがありますと声を掛けられたんです。

「普段から脈絡のないことを話す子ですから、あまりその内容については気にしていなかったのですが、ちょっと不思議なことを口走っているような気がするんです」

お母さんのお話によると、夜中に突然、和也君が「すごくおおきいフーフーがくる。こわいよー。おうちがこわれるよ」と泣き始めたそうです。

お母さんは「大丈夫よ。お家は壊れないよ」と言うと、お母さんに抱きつきながら眠りについたそうです。

その一週間後くらいに、大型の台風が直撃し、幸いにも家は大丈夫だったそうですが、その地域に大きな被害がありました。和也君が言っていた「フーフー」とは台風のことだったのではないかと仰るのです。

それは単なる偶然ではありませんかと答えると、お母さんは、それだけではないんですと他の話もしてくださいました。

それは、お友達の家に遊びに行っていた時のこと。お友達と遊んでいると、突然、「あついのきらい。あついのきらい」と泣き出しました。

普段からおかしなことを言っては泣き出すことがあったので、「大丈夫だよ。大丈夫だよ」と言って落ち着かせてから帰宅されたそうです。

ところが、その数日後、そのお宅でボヤ騒ぎが起きました。もしかしたら和也君が言っていた「あついの」というのは、火事が起きることを知っていたのではないか。

要するに、お母さんは、和也君に予知能力のようなものがあるのではないか、もし、それが本当なら、友達や周りの大人に不審がられやしないかと心配されていました。

しかし私は、正直に言いますと、単なる偶然だと思いました。といいますのも、和也君は、普段からおしゃべりが大好きで、保育園にいる間、一人の時でも何かを話しています。ですから偶然発した言葉が、現実の出来事と一致することもあると思ったからです。

保育園での和也君の言動には、これまで以上に注意しておきますので、何かあったらすぐに連絡します、とお母さんに伝えました。

次の日から、私は和也君が話す内容を注意深く聞くようにしました。

「ことりさん、こんにちは。おはなさん、こんにちは」

教室では、ひとりでいつものように、思いついたことをとりとめもなく話している様子でした。

「ちゃんと挨拶できて、偉いね」

「うん。みんなあいさつしてくれるもん」

そう言ってにっこりと微笑んでくれました。そして続けて、「なーちゃん、こんにちは」と言いました。

私は、保育園に「なーちゃん」と呼ばれている子はいないので、「なーちゃんって誰かな」と聞きました。

すると、教室の隅の方を指差して、「あそこにいるよ」と言います。もちろん、そこには誰の姿もありません。

「ねえねえ、なーちゃんは女の子、それとも男の子？」

「ひとじゃないよ」

和也君の答えに、私は少し怖くなって、「先生とお外で散歩しようか」と彼を抱っこして園庭に出ました。彼を抱っこしたまま聞いてみました。

「ねえ、和也君、なーちゃんって名前何ていうの」

「うーんとねえ、なーちゃんはなーちゃんだよ」

そう言ってすぐに抱っこしている私の手から離れたがったので、園庭に降ろしてあげました。

このくらいの子供さんにはよくあることだと自分に言い聞かせて、迎えに来られたお母さんには、このことを話しませんでした。

次の日、和也君はお母さんに抱っこされ、泣きながら登園してきました。このようなことも今までに何度かありましたので、虫の居所が悪いのかもしれないと、それほど深く考えずに声を掛けました。

「どうしたの、和也君」

私がお母さんの手から和也君を預かると、さらに大きな声で泣き出しました。

「先生、すみません。今日は朝からずっと泣きどおしなんです」

お母さんもそれほど深刻には捉えられていない感じです。

しかし、ここで和也君は泣きながら、驚く言葉を発しました。

「あーん、みんなげんきにしていてね。ぼくはちかくにいるからね」

「和也君、どういうこと？」

私は思わず聞き返しましたが、泣くばかりで要領を得ませんでした。

お母さんには後で報告することにして、そのまま保育園にてお預かりすることにしました。

和也君が泣き止んだのは、その後二十分も経ってからでした。長く泣いて疲れたのか、泣き止むと寝てしまいました。

一時間近く寝ていた和也君は、目が覚めると機嫌良く「おはよー」と大きな声でいつもの様子に戻っていました。

「和也君、もう元気になった？」

私が聞くと、和也君は少し悲しそうな顔を私に向けました。そしてその後、視線だけを教室の隅へと向けたのです。

「どうしたの」と再び私が尋ねると、和也君は今までに無いほど私をじっと見つめてきました。

「あのね。カズくんね、もうだっこしてもらえなくなるの。でもね、ぜんぜんいたくないって」

そう言いながら、一筋の涙を流しました。

正直とても驚きました。和也君が我慢をしていることにです。普段、このくらいの年齢の発達障害を持つお子さんは、我慢をすることを嫌うのですが、和也君は大きな声で泣きたい気持ちを我慢しているのが、手に取るように分かったのです。

思わず「和也君偉いね」という言葉が出ていました。

それを聞いた和也君はとても嬉しそうな表情に変わって、「うん」と元気に答えてくれました。

そしてその元気な返事の後に、「なーちゃんがいっしょにいてくれるからさびしくなんかないよ」と話してくれました。

何となく嫌な予感がして、私はこのことをお迎えに来られたお母さんにお話ししました。

お母さんは「そんな話をしていましたか……」と、とても悲しそうな顔をされました。

「あの子が言う〝なーちゃん〟とは、もしかしたら、和也が子供の頃に飼っていた犬のことかもしれません」

なーちゃんと名付けられたその犬は、甲斐犬という犬種で、とても頭が良く、生まれたての和也君の面倒をよく見てくれたそうです。

「和也が泣き出すと、すぐに横にしゃがみ込み、まるで安心しなさいと言わんばかりに体を擦り付けて寝かせてくれました。

そして、和也が歩き始めると、絶えずその横に張り付くように一緒にいてくれたんです。

そんなある日、公園に行こうと玄関で準備をしていた時、少し目を離した隙に、和也がひとりで外に出て行ってしまいました。

『和也ー』と大声で呼んだその時、なーちゃんが首輪から抜けて、玄関から外に飛び出して行きました。

私がその後を追うと、その先の交差点に和也の姿がありました。私が再び『和也』と声を掛けると、和也はこちらを振り向いて、交差点で立ち止まりました。

その瞬間、交差点に一台の車が入ってきたんです。

『危ない！』と私が叫んだ瞬間、キキーッという車のスリップする音が聞こえました。

慌てて交差点に行くと、和也が大声で泣いていました。その先には、なーちゃんが車に撥ね飛ばされて、横たわっていました」

なーちゃんは身を挺して和也君を助けてくれたのです。そして、その犬が、和也君には見えていて、いまだに和也君を守ってくれているのかもしれない。お母さんはそう仰いました。

守ってくれているなら安心ですが、何となく和也君の言葉が気になりつつも、何事もなく二週間程が経ちました。この頃には、和也君は〝なーちゃん〟の話をすることも、泣いてぐずることも全くありませんでしたし、私の思い過ごしだったのかなと思っていました。

いつものように保育園が終わり、お母さんが迎えに来られました。

「和也君、また明日ね」

振り向いた和也君は、嬉しそうに微笑むと、何も言わずに頷いてくれました。

その帰り道——。飲酒運転の車が歩道に突っ込み、和也君は命を落としたんです。

その後、悲しみに暮れるお母さんとお話をしました。

「和也は、きっと自分の死を知っていたのだと思います。事故に遭ったその日の朝に、私をぎゅっと抱きしめて〝ありがとうね〟って。そして、〝これからもずーっといっしょにいるからなかないで〟って言ってくれたんです。きっとなーちゃんもそれを分かって、迎えに来てくれていたのかもしれません」

お母さんは、涙を押し殺すようにお話しくださいました。その顔は、あの日の和也君にそっくりでした。


大谷さんも、私にお話ししてくださりながら、涙を必死に堪えておられました。

そんな大谷さんに、私がお伝えしたことは——。

「未来が決まっているかどうかは私には分かりません。ただ、私達には絶対に決まっている未来がひとつだけあります。それは『死』です。人によって早いか遅いかは分かりませんが、これだけは、誰にも変えることの出来ない未来です。

最後はみな死ぬのに、なぜ私たちは生を受けて、そして生きるのか。お経には、それはこの世で魂の修行をするためだと記されています。

もしかすると、和也君にとっての修行は、我慢することだったのかもしれません。それを成し遂げた和也君は、今生での修行を終えて、あの世とこの世を行ったり来たりしているのかもしれません。

和也君ができたように、私達も別れの悲しみに耐えましょう」

私が話し終わってすぐに、〝ありがとうね〟という小さな男の子の声と、〝クゥーン〟という犬の声がどこからか聞こえました。

大谷さんは、嬉しそうに微笑みました。

「今、和也君の声が聞こえました。傍にいてくれているのかな」

あとがき

色々な方にお聞かせいただいた体験談を、本にまとめるなかで、あることに気が付きました。それは、どんな怪奇現象も、因果応報という法則の中にあるのだということです。

物事には全て、原因があり、結果があり、それに応じた報いがあります。

これはどうやらこの世だけの法則ではなく、あの世も因果応報という理の中にあるようです。ですので、初めて聞かせていただく話でも、何処かで聞いたような感じがするのは、もしかするとその法則性が共通しているからかもしれません。

この世で悪事に手を染めた人は、死後に苦しみ、前世の報いを必ず受けることになっております。

では、死後に苦しみを受けないためにはどうすればよいのでしょうか。

それは、生きている今生で、少しでも徳を積むことです。

この世で善い行いをしていれば、死後に苦しむことはありません。もっと言えば、死後に浮かばれるかどうかは、自分の生き方にかかっているということです。即ち、「自業自得」なのです。

仮に、この世で悪いことをして、その報いを受けることなく死んでしまったとすれば、自分の悪行の報いは死後の世界で報いを受けることになるのです。

果報は寝て待てと言いますが、正にその通りで、すぐに報いが来なくとも、ずっと来ないと言うことは決してありません。

当たり前の話のようですが、怪奇の世界を知れば知るほど、このことが実感として受け取れるのです。

怪奇現象よりも何倍も怖いものは、悪事を犯して死んでいくことなのだとつくづく感じます。

これは私が、怪奇という世界に教えてもらったことの一つです。ですので、このことを皆様にも感じていただきたく、本書を書かせていただきました。

お陰様で、今回で四冊目の出版となりました。

これもひとえに、読者の皆様のお陰であります。心よりお礼申し上げます。有り難うございます。

合掌

令和三年六月　京都・蓮久寺にて

三木大雲

この作品は文春文庫のための書き下ろしです。

章扉・本文挿画　ヤマザキチヱ

DTP制作　エヴリ・シンク

文春文庫

怪談《かいだん》和尚《おしよう》の京都《きようと》怪奇《かいき》譚《たん》
幽冥《ゆうめい》の門篇《もんへん》

定価はカバーに表示してあります

2021年8月10日　第1刷
2021年8月30日　第2刷

著　者　三木大雲《みきだいうん》
発行者　花田朋子
発行所　株式会社　文藝春秋

東京都千代田区紀尾井町 3−23　〒102−8008
TEL　03・3265・1211(代)
文藝春秋ホームページ　http://www.bunshun.co.jp

落丁、乱丁本は、お手数ですが小社製作部宛お送り下さい。送料小社負担でお取替致します。

印刷・大日本印刷　製本・加藤製本
Printed in Japan
ISBN978-4-16-791743-2

（　）内は解説者。品切の節はご容赦下さい。

木村盛武
慟哭の谷
北海道三毛別・史上最悪のヒグマ襲撃事件
大正四年、北海道苫前村の開拓地に突如現れた巨大なヒグマは次々と住民たちを襲う。生存者による貴重な証言で史上最悪の獣害事件の全貌を描く戦慄のノンフィクション！（増田俊也）
き-40-1

三木大雲
怪談和尚の京都怪奇譚
死者からの電話、人形の怨念、死神に救われた話……。京都の古刹住職が相談された怪奇譚の数々。怪談名人が語る現代版「耳袋」。見えない世界に触れることで、人生が変わる——。
み-40-1

山岸凉子
天人唐草
自選作品集
毒親に育てられたり育児放棄された子供が大人になったらどうなるのか——。山岸凉子の天才ぶりを余すことなく伝えるトラウマ漫画の決定版！　著者特別インタビュー収録。（中島らも）
や-70-1

山岸凉子
月読
自選作品集
気高く美しい姉・アマテラスへの強烈な思慕を持て余すツキノオ。末弟のスサノオに姉の歓心を持っていかれ……。神話の世界を、新しい解釈で送る山岸ワールド。（桐野夏生）
や-70-2

山岸凉子
自選作品集
ハトシェプスト
古代エジプト王朝唯一人の女ファラオ
嫉妬、陰謀、裏切りうごめく王宮。古代エジプトで繰り広げられる山岸ワールド。異能の力を持つ者の運命は？　山岸凉子さんの〝最初で最後の〟トークショーを完全載録。（岩下志麻）
や-70-3

アガサ・クリスティー　他（中村妙子　他訳）
厭な物語
アガサ・クリスティーやパトリシア・ハイスミスの衝撃作からロシア現代文学の鬼才による狂気の短編まで、後味の悪さにこだわって選び抜いた〝厭な小説〟名作短編集。（千街晶之）
ク-17-1

夏目漱石　他
もっと厭な物語
読めば忽ち気持ちは真っ暗。だが、それがいい！　文豪・夏目漱石の掌編からホラーの巨匠クライヴ・バーカーの鬼畜小説まで、後味の悪さにこだわったよりぬきアンソロジー、第二弾。
ク-17-2

（　）内は解説者。品切の節はご容赦下さい。

星野 源
そして生活はつづく
どんな人でも、死なないかぎり、生活はつづくのだ。ならば、つまらない日常をおもしろがろう！　音楽家で俳優の星野源、初めてのエッセイ集。俳優・きたろうとの特別対談を収録。

ほ-17-1

星野 源
働く男
働きすぎのあなたへ。働かなさすぎのあなたへ。音楽家、俳優、文筆家の星野源が、過剰に働いていた時期の自らの仕事を解説した一冊。ピース又吉直樹との「働く男」同士対談を特別収録。

ほ-17-2

星野 源
よみがえる変態
やりたかったことが仕事になる中、突然の病に襲われた。まだ死ねない。これから飛び上がるほど嬉しいことが起こるはずなんだ。死の淵から蘇った3年間をエロも哲学も垣根なしに綴る。

ほ-17-3

堀江貴文
刑務所なう。　完全版
長野刑務所に収監されたホリエモン。鬱々とした独房生活の中でも仕事を忘れず、刑務所メシ（意外とウマい）でスリムな体をゲット！　単行本二冊分の日記を一冊に。実録マンガ付き。

ほ-20-1

堀江貴文
刑務所わず。
塀の中では言えないホントの話

「ほんのちょっと人生の歯車が狂うだけで入ってしまうような所」これが刑務所生活を経た著者の実感。塀の中を鋭く切り取るシリーズ完結篇。検閲なし、全部暴露します！　（村木厚子）
ほ-20-2

丸谷才一
腹を抱へる
丸谷才一エッセイ傑作選1

ゴシップ傑作選、うまいもの番付、ホエールズ論、文士のタイトル、懐しい人――数多くのユーモアエッセイから厳選した〃硬軟自在、抱腹絶倒〃の六十九篇。文庫オリジナル。　（鹿島　茂）
ま-2-26

万城目《まきめ》 学
ザ・万歩計
大阪で阿呆の薫陶を受け、作家を目指して東京へ。『鴨川ホルモー』で無職を脱するも、滑舌最悪のラジオに執筆を阻まれ、謎の名曲を夢想したりの作家生活。思わず吹き出す奇才のエッセイ。

ま-24-1

（　）内は解説者。品切の節はご容赦下さい。

万城目　学
ザ・万字固め
熱き瓢簞愛、ブラジルW杯観戦記、敬愛する車谷長吉追悼、東京電力株主総会リポートなど奇才作家の縦横無尽な魅力満載のエッセイ集。綿矢りさ、森見登美彦両氏との特別鼎談も収録。
ま-24-4

町山智浩
アメリカ人もキラキラ★ネームがお好き　USA語録2
言葉を制する者はアメリカを制す。言葉を知ればアメリカがわかる。日々、かの国で生まれる新語・名言・迷言をレポート。週刊文春連載コラム文庫版第二弾。（モーリー・ロバートソン）
ま-28-5

町山智浩
マリファナも銃もバカもOKの国　USA語録3
ハッパ（マリファナ）のためにカウボーイとヒッピーが握手する、そんなバカげた国のリアルな今をメッタ斬り。「イスラム国」からハリウッド女優のヌード写真流出まで！（津田大介）
ま-28-6

町山智浩
トランプがローリングストーンズでやってきた　USA語録4
トランプが大統領候補に急浮上、ハッパでキメたカニエも出馬宣言？　アメリカは益々マッドに突き進む。週刊文春人気コラムの文庫化第四弾。澤井健イラストも完全収録。（想田和弘）
ま-28-7

松岡　譲
漱石の印税帖　娘婿がみた素顔の文豪
漱石没後に雲霞の如く現れた〝文豪ゆかりの品々〟の真贋。大ベストセラー作家の収支決算は？　漱石の門下生で娘婿となった著者が書き綴る、文豪の素顔と文壇回想録。（半藤末利子）
ま-39-1

三島由紀夫
行動学入門
行動は肉体の芸術である。にもかかわらず行動を忘れ、弁舌だけが横行する風潮を憂えて、男としての爽快な生き方のモデルを示したエッセイ集。死の直前に刊行された。（虫明亜呂無）
み-4-1

三島由紀夫
若きサムライのために
青春について、信義について、肉体について……わかりやすく、そして挑発的に語る三島の肉声。死後三十余年を経ていよいよ新鮮！　若者よ、さあ奮い立て！（福田和也）
み-4-2

（　）内は解説者。品切の節はご容赦下さい。

みうらじゅん
正しい保健体育 ポケット版
保健体育の教科書の体裁で、愛や性について説いた爆笑講義録。下ネタの隙間から、著者の深い人生哲学や人間の真理が見えてくる。累計12万部の人気シリーズを2冊合わせて文庫化。

み-23-3

みうらじゅん
人生エロエロ
「人生の3分の2はいやらしいことを考えてきた」でおなじみ「週刊文春」人気連載の文庫化。「男ってバカねぇ」と女性にも大好評、エロエロエッセイ80連発！　（対談・阿川佐和子）
み-23-4

みうらじゅん
されど人生エロエロ
ある時はイメクラで社長プレイに挑戦し、ある時は「ゆるキャラの中の人」とハッピを着た付添人の不倫関係を妄想し……。「週刊文春」の人気連載、文庫化第2弾！　（対談・酒井順子）
み-23-5

みうらじゅん
ラブノーマル白書
愛があれば世間が眉をひそめるアブノーマルな行為でも全てノーマルなのだ。少年時代の思い出から最近の「老いるショック」事情まで実体験を元に描く「週刊文春」人気連載を文庫化。

み-23-7

向田邦子
女の人差し指
脚本家デビューのきっかけを綴った話、妹と営んだ「ままや」の開店模様、世界各地の旅の想い出、急逝により絶筆となった「週刊文春」最後の連載などをまとめた傑作エッセイ集。（北川　信）
む-1-23

向田邦子
霊長類ヒト科動物図鑑
「到らぬ人間の到らぬドラマが好きだった」という著者が、電話口で突如様変わりする女の声変わりなど、すぐれた人間観察で人々の素顔を捉えた、傑作揃いのエッセイ集。　（吉田篤弘）
む-1-26

（　）内は解説者。品切の節はご容赦下さい。

無名仮名人名簿
向田邦子

世の中は「無名」の人々がおもしろい。日常の中で普通の人々が覗かせた意外な一面を、鋭くも温かい観察眼とユーモアで綴る。笑いながら涙する不朽の名エッセイ集。（篠﨑絵里子）

む-1-27

向田邦子の陽射し
太田　光

向田邦子を誰よりも讃仰している太田光による最も誠実なオマージュ。太田が選ぶ、「読む・観る向田邦子作品」ベスト10も収録。向田ファン、向田邦子を読んでいない太田ファンへ。

む-1-40

帝国ホテルの不思議
村松友視

日本のホテルの中でも明らかに特別な位置にある帝国ホテル。入口から内奥まで、誇りに満ちたおもてなしの流儀を持つ30人の職人を覗き穴に、その不思議を描き出す。（平岩弓枝）

む-3-3

銀座の喫茶店ものがたり
村松友視

日本の喫茶店文化には独特のものがある。銀座の喫茶店には更に違う何かがある。45の喫茶店を巡り、ふところ深い町の歴史とものがたりを浮かび上がらせる上質なエッセイ集。（名取裕子）

む-3-4

北の富士流
村松友視

北海道から単身上京して横綱に上り親方として二人の横綱を育て、NHKの相撲解説で人気の北の富士。江戸の香を今なお残す男として、男も女も魅了する〝粋〟と〝華〟の流儀。

む-3-5

パンチパーマの猫
群　ようこ

「我が身の事は人に問え」「ごまめの歯ぎしり」「生まれながらの長老なし」。おかしな人、心に染みる出来事に出会って、古くからのことわざを嚙みしめる群ようこの、爆笑日常エッセイ集。

む-4-12

（　）内は解説者。品切の節はご容赦下さい。

群　ようこ
よれよれ肉体百科
身体は段々と意のままにならなくなってくる。更年期になって味覚が鈍っても、自然に受け入れてアンチエイジングにアンチでいよう！　身体各部56カ所についての抱腹絶倒エッセイ。
む-4-15

群　ようこ
ネコの住所録
幼い頃から生き物と共に暮らしてきた著者。噂話をする度に耳をそばだてる婆さん猫など、鋭い観察眼で彼らのしたたかさを見抜くが、そこには深い愛情があった。抱腹絶倒のエッセイ。
む-4-16

群　ようこ
ネコと海鞘《ほや》
犬だって夢を見る、猫だって冷蔵庫に入りたい、ベルトだって空を飛ぶ……どうしてこんなにケッサクな出来事ばかり起こってしまうのか。群ようこの日常は面白い！　抱腹絶倒のエッセイ。
む-4-17

群　ようこ
肉体百科
電車の座席に自分の「尻拓」が残ってしまったら、どうすべきか？　歳をとったらひじまで梅干し化する現実を踏まえつつ、今日も我が道を歩んでいく。身体について綴ったエッセイ集。
む-4-18

村上春樹
意味がなければスイングはない
待望の、著者初の本格的音楽エッセイ。シューベルトのピアノ・ソナタからジャズの巨星にJポップまで、磨き抜かれた達意の文章で、しかもあふれるばかりの愛情をもって語り尽くされる。
む-5-9

村上春樹
走ることについて語るときに僕の語ること
八二年に専業作家になったとき、心を決めて路上を走り始めた。走ることは彼の生き方・小説をどのように変えてきたか？　村上春樹が自身について真正面から綴った必読のメモワール。
む-5-10

（　）内は解説者。品切の節はご容赦下さい。

村上春樹
ラオスにいったい何があるというんですか？
紀行文集

ボストンの小径とボールパーク、アイスランドの自然、フィンランドの不思議なバー、ラオスの早朝の僧侶たち、そして熊本の町と人びと――旅の魅力を描き尽くす、待望の紀行文集。

む-5-15

村田沙耶香
きれいなシワの作り方
淑女の思春期病

初めての皺に白髪、通販の誘惑、自意識過剰とSNS、迫る「産むか産まないか」問題、最後のセックス考……これが大人の「思春期」？　悩み多きアラサー芥川賞作家の赤裸々エッセイ。

む-16-2

山崎豊子
『大地の子』と私

胡耀邦総書記との中南海での異例の会見、労働改造所、未開放地区への初めての取材、「三度捨てないで！」と叫ぶ戦争孤児たち……日本中を涙と感動でつつむ『大地の子』取材執筆の秘話。

や-22-5

山内マリコ
買い物とわたし
お伊勢丹より愛をこめて

週刊文春の人気連載「お伊勢丹より愛をこめて」が書き下ろしを加えて一冊に。蚤の市で買ったお皿からハイブランドのバッグまで、カラーイラスト満載で紹介するお買い物エッセイ。

や-62-1

吉村　昭
街のはなし

食事の仕方と結婚生活、茶色を好む女性の共通点、街ですれ違う気になる人、旅先でよい料理屋を見つける秘訣……。温かく、時に厳しく人間を見つめる極上エッセイ七十九篇。（阿川佐和子）

よ-1-34

吉村　昭
ひとり旅

終戦の年、空襲で避難した谷中墓地で見た空の情景、小説家を目指す少年の手紙、漂流記の魅力について――事実こそ小説であるという著者の創作姿勢が全篇にみなぎる、珠玉のエッセイ。

よ-1-47

（　）内は解説者。品切の節はご容赦下さい。

横尾忠則
インドへ
ビートルズに触発され、三島由紀夫に決定づけられて訪れたインド。芸術家の過敏な感性をコンパスとして、宇宙と自己、自然と芸術を考える異色旅行記。カラー口絵二十三ページ付。

よ-2-1

米原万里
ガセネッタ＆シモネッタ
名訳と迷訳は紙一重。ロシア語同時通訳の第一人者が綴る、大マジメな国際会議の実に喜劇的な舞台裏を描いたエッセイ集。ガセネタも下ネタも、ついでにウラネッタも満載!!　（後藤栖子）
よ-21-1

米原万里・佐藤　優　編
偉くない「私」が一番自由
佐藤優が選ぶ、よりぬき米原万里。メインディッシュは初公開の東京外語大学卒業論文。単行本未収録作品も含む傑作エッセイを佐藤シェフの解説付きで紹介する。文庫オリジナル。

よ-21-7

渡辺和子・山陽新聞社　編
強く、しなやかに
回想・渡辺和子
二・二六事件で陸軍大将の父が殺されたのは九歳の時。シスターとなった後、若くして大学の学長に抜擢されるも、うつ病など試練の連続だった。信仰と教育に身を捧げた波乱の人生録。
わ-22-1

若松英輔
悲しみの秘義
暗闇の中にいる人へ――宮澤賢治や神谷美恵子、プラトンらの悲しみや離別、孤独についての言葉を読み解き、深い癒しと示唆で日経新聞連載時から反響を呼んだ26編。　（俵　万智）
わ-24-1

日本エッセイスト・クラブ　編
人間はすごいな
'11年版ベスト・エッセイ集
プロ・アマ問わず集めた良質なエッセイ52篇。100年前の女の子と鰹節、牡蠣養殖と津波、日記に記す天気印と妻の機嫌……人生模様を覗いてみませんか？　29年目の最終巻です。
編-11-29